"文化广西"丛书编委会

总策划 范晓莉

主　任 利来友
副主任 张艺兵
成　员 黄轩庄　韦鸿学　石朝雄　刘迪才
　　　　　石立民　卢培钊　陈　明　黄　俭

文化广西

——风物——

广西节日节庆

黄润柏　黄仲盈　等　编著

广西人民出版社

图书在版编目（CIP）数据

广西节日节庆/黄润柏等编著.—南宁：广西人民出版社，2021.6
（文化广西）
ISBN 978-7-219-11179-6

Ⅰ.①广… Ⅱ.①黄… Ⅲ.①民族节日—少数民族风俗习惯—广西 Ⅳ.①K892.1

中国版本图书馆 CIP 数据核字（2021）第 058558 号

出 版 人	韦鸿学	责任编辑	梁凤华
出版统筹	郭玉婷	责任校对	覃丽婷　李新楠
设计统筹	姚明聚	美术编辑	李彦媛
印制统筹	罗梦来	责任印制	张战鹰
		书籍设计	姚明聚　徐俊霞　刘瑞锋
			唐　峰　魏立轩

出　　版	广西人民出版社
	广西南宁市桂春路6号　邮政编码　530021
发行电话	0771-5523338　5507887
印　　装	广西广大印务有限责任公司
开　　本	1230 mm×880 mm　1/32
印　　张	6
字　　数	129千字
版　　次	2021年6月第1版　2021年6月第1次印刷
书　　号	ISBN 978-7-219-11179-6
定　　价	28.00元

如发现印装质量问题，影响阅读，请与出版社发行部门联系调换。

前　言

◆

　　节日文化是我国传统文化的重要组成部分，是各民族在悠久的历史发展过程中长期沉淀而成的，这些由远古发展而来、流传至今的节日文化，既深刻地记录了各民族社会生活的方方面面，承载着人们对自然规律的朴素认识，也蕴含着丰厚的历史文化知识，形式丰富多样，传承经久不衰。

　　广西壮族自治区是中国少数民族人口最多的省区，有壮、汉、瑶、苗、侗、仫佬、毛南、回、京、彝、水、仡佬等12个世居民族。广西民族节日众多，既有多个民族共同的节日，如春节、元宵节、清明节、端午节、中元节、中秋节等，也有广西特有的少数民族节日，如京族的哈节、毛南族的分龙节、仫佬族的依饭节等。

　　广西各族人民在日常的生产生活中，总喜欢以歌抒情，以歌叙事，所以，其节日也多与歌相关联，如"歌圩""歌堂""歌场""歌节""歌会""歌坡"等。除了唱山歌，舞蹈也是广西民族节庆活动的重要组成部分，如"舞春牛""舞炮龙""舞草龙""铜鼓舞""猴鼓舞""蚂𧌒舞""踩堂舞""跳芦笙"等节庆

舞蹈，场面既庄重肃穆，又不失喧闹热烈。

广西的民族节日文化包含了原汁原味的祭祀、悠远深厚的农耕、绚丽多彩的服饰、独具特色的饮食、奔放多情的歌圩、淳朴亘古的伦理等，发展至今，正在以一种全新的面貌活跃在社会生活的方方面面。春节、清明节、端午节等一些传统节日陆续被列入国家级非物质文化遗产名录。从2007年起，清明、端午、中秋和除夕被列为国家法定节假日。各种节庆活动的举办，丰富了民众的文化生活，传承和弘扬了民族文化，使民众在享受传统节日假期的同时，也能感受到中国传统文化的博大精深。2014年，"壮族三月三"被确定为广西民族传统节日。之后，广西壮族自治区各级党委、政府围绕"三月三"组织开展了形式多样、内容丰富的传统民族文化活动，不仅有民族传统文化会演、非遗项目展演、少数民族文化推介等内容，还融进了经贸、旅游、电商等活动，营造了全民共建、共享、共乐的节日氛围。此外，盘王节、蚂𧊅节、哈节、炮龙节、依饭节、霜降节等入选国家级非物质文化遗产名录，也极大地提升了广西民族节日文化的影响力和各族人民的文化自豪感、自觉性、自信心。

随着国家和地方陆续出台对传统节日的各种保护政策，传统节日中所蕴含的民族文化、民族情感、家国情怀得到了很好的传承，在促进各民族之间的交往、交流、交融，增进各民族互助、互爱、互信，培育各民族的民族认同、国家认同，以及铸牢中华民族共同体意识等方面发挥了积极的作用。如今，在八桂大地上，"民族节日一起过""精神家园一起守"蔚然成风，既展现了广西民族团结、边疆稳定、社会和谐、人民幸福的面貌，又增强了广西各族人民的文化自信，实现了文化、政治、经济、旅游等多重效益的统一。

民族节日，承载的不仅仅是民族文化、民族历史、民族情感，甚至还承载着民族精神、民族认同乃至各民族的家国情怀，在一定的程度上，还对树立中华民族的形象具有促进作用。更深层次上，在当前我国强调文化自信、共筑中华民族共有精神家园的号召下，民族节日的兴衰还事关国家文化事业的提振、中华民族精神的传扬和中华民族共同体意识的培育。

我们编写这本书，目的就在于充分挖掘和开发广西民族节日的文化价值，弘扬优秀传统文化，增强民族凝聚力，树立社会主义文化自信，为建设广西民族文化强区贡献绵薄之力。

目 录

稻花香里说丰年

蛙鸣祈丰年——蚂𧊔节	3
稻田里的祈愿——芒那节	11
又是一年霜降时——霜降节	17
春出白米香——吃新节	24
冬日里的祈愿——依饭节	30
分龙行雨——分龙节	35
歌舞不息——哈节	39
弹天琴 祈福泽——依峒节	44

家祭无忘告乃翁

"踏瑶"祭盘王——盘王节	53
人与树的对话——拜树节	59
大跳小跳祭金竹——跳弓节	62
拜山祭祖缅先人——清明节	67
寄哀思 祈福佑——中元节	71

道是无晴却有晴

对歌谈情——"三月三"	79
赴一场春日邀约——跳坡节	86

目录

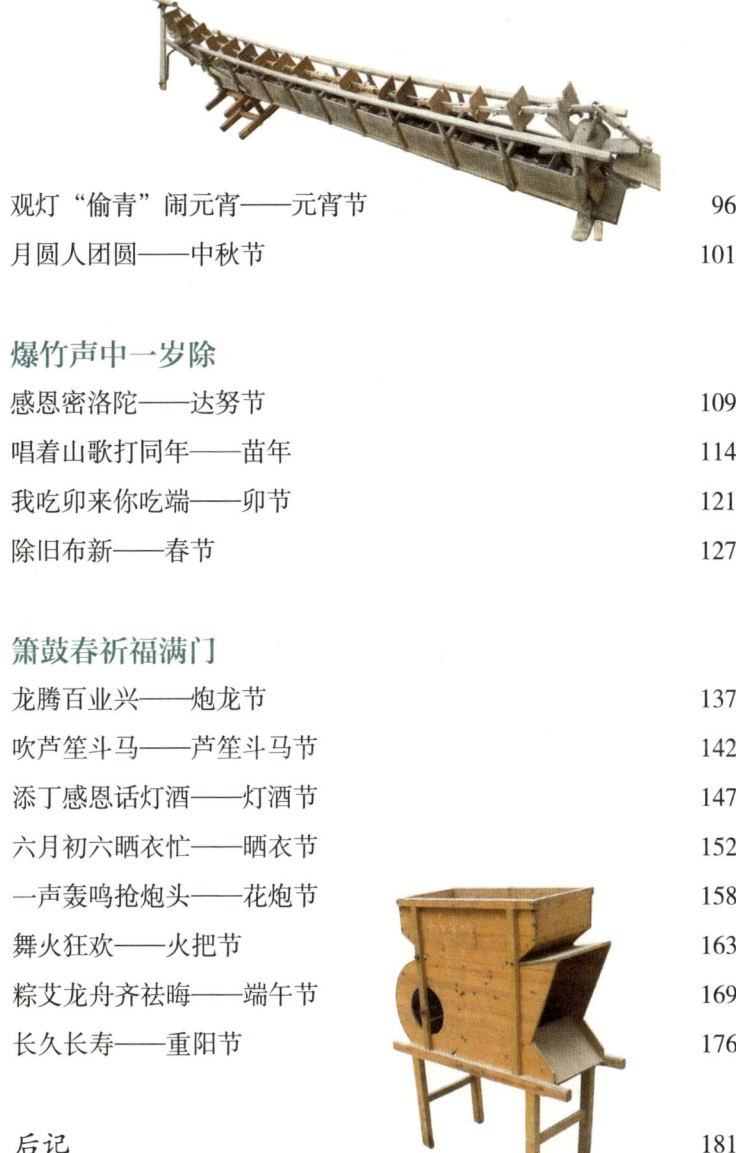

观灯"偷青"闹元宵——元宵节　　　　　　　　　　96
月圆人团圆——中秋节　　　　　　　　　　　　101

爆竹声中一岁除
感恩密洛陀——达努节　　　　　　　　　　　　109
唱着山歌打同年——苗年　　　　　　　　　　　114
我吃卯来你吃端——卯节　　　　　　　　　　　121
除旧布新——春节　　　　　　　　　　　　　　127

箫鼓春祈福满门
龙腾百业兴——炮龙节　　　　　　　　　　　　137
吹芦笙斗马——芦笙斗马节　　　　　　　　　　142
添丁感恩话灯酒——灯酒节　　　　　　　　　　147
六月初六晒衣忙——晒衣节　　　　　　　　　　152
一声轰鸣抢炮头——花炮节　　　　　　　　　　158
舞火狂欢——火把节　　　　　　　　　　　　　163
粽艾龙舟齐祛晦——端午节　　　　　　　　　　169
长久长寿——重阳节　　　　　　　　　　　　　176

后记　　　　　　　　　　　　　　　　　　　　181

稻花香里说丰年

　　我国是农业古国和农业大国,是世界农业文明的发源地之一,农耕历史悠久,农耕文化积淀丰厚。人们的衣食住行、哀乐祸福、生老病死,都与山水田地、阳光雨露、季节物候紧密相连、共存共荣。在长期的历史发展过程中,祭天敬地、尊祖溯源、酬神娱人等活动,演化成一系列关于生活、生产的节日,如蚂蚜节、芒那节、霜降节、吃新节、依饭节、分龙节、哈节、侬峒节等。

　　《礼记·郊特牲》有云:"地载万物,天垂象,取财于地,取法于天,是以尊天而亲地也。故教民美报焉。"春华秋实,在这些充满感恩的节日里,山欢水笑,人涌情动,欢乐溢满了田间地头、庭前院落。在跳跃的篝火、嘹亮的歌声、曼妙的舞姿、香醇的美酒之中,人们共享丰收的喜悦,祈盼来年风调雨顺、五谷丰登、六畜兴旺。这一刻,娱天、娱地、娱神,也娱人、娱心、娱情。

蛙鸣祈丰年——蚂𧊅节

"天下树有根，地上水有源。说起孝蚂𧊅，更是有来源。说来根底长，数来源流远。说到布洛陀，数到姆六甲。才对它的根，才中它的源。"或肃穆、悲怆，或悠扬、欢愉的《蚂𧊅歌》响彻云霄，溢满旷野。

这是壮族民间关于蚂𧊅的颂歌，关于丰收，关于尊崇，关于祖源。蚂𧊅，是壮族人民对青蛙的俗称。壮族蚂𧊅节又称为蛙婆节、青蛙节或蚂𧊅歌会，是壮族先民崇拜青蛙的旧俗。红水河沿岸壮族村寨通过祭拜青蛙，祈求风调雨顺、五谷丰登、人畜兴旺。2005年，壮族蚂𧊅节被列入国家级非物质文化遗产名录，并被授予"中国最具民族特色节庆"称号。

蚂𧊅节历史悠久，源远流长，流传至今至少已有两三百年的历史，其在红水河流域曾一度十分盛行。蚂𧊅节的产生、发展和形成，与当地壮族人民的生产生活息息相关，与红水河流域壮族铜鼓的产生、发展也有着密切的联系。传统蚂𧊅节主要流行于红水河沿岸约300千米的范围内，具体在红水河两岸的东兰、天峨、南丹等县的壮族村寨，其中东兰县是蚂𧊅节活动流行最广的地区，

该县凡分布于红水河两岸附近规模较大、建村历史较长的壮族村落，几乎每年都举行蚂蚜节活动。

关于蚂蚜节的来源，有很多传说，典型的如东兰的传说：古时候，壮乡有个孝子名叫东林，母亲去世后，他悲伤守孝。当时正值雨季，屋外蚂蚜日夜叫个不停。东林担心母亲亡灵不得安宁，于是用开水浇蚂蚜。蚂蚜死伤遍地，从此不再叫了。但从此，天也不再下雨了。干旱导致庄稼歉收。人们感到惊慌和不解，于是派人去问壮族祖先布洛陀，才知道东林闯下大祸了。原来蚂蚜是雷王的儿女，是雷王派到人间呼唤雨水的，东林得罪了雷王，雷王再也不降雨水了。布洛陀嘱咐大家把蚂蚜尸骸全部捡回来，用棺材殓装，为死去的蚂蚜守孝，起坟安葬蚂蚜，像对待死去的父母一样为其举行隆重的葬礼，以此取得雷王的原谅，请求雷王按时降下雨水。于是，人们按照布洛陀的嘱咐，把被烫死的蚂蚜一只一只捡起来，放到筐子里，然后给红水河沿岸附近的每个村子分发一只，凡是分发到蚂蚜的村子，都要举行祭蚂蚜活动。第二年，果然风调雨顺，庄稼获得丰收。从此以后，过蚂蚜节的习俗世代沿袭下来。

实际上，过蚂蚜节的习俗与壮族早期的稻作农业生产密切相关。以种植水稻为生的壮族人，在平时的农耕活动中发现，青蛙的鸣叫及活动情况可以预示天气的晴、雨。出于旱时祈雨、涝时求晴的愿望，人们开始崇拜青蛙，通过祭祀、埋葬青蛙来预测年景，祈求人畜兴旺、风调雨顺。

蚂蚜节活动一般由村屯里德高望重的老人组织举行。每年蚂蚂节活动，参与者除了全村群众，还有方圆几十里的亲朋好友。节日期间，参加活动的人络绎不绝，活动场面极为热闹。

蚂蚜节从农历正月初一开始，一般历时五至七天，有的长达一个月。蚂蚜节活动有的是一个村（屯）单独举办，也有的是几个村（屯）联合举办，其主要程序、仪式基本相同。

农历大年初一一大早，各个村寨都敲响铜鼓，大人小孩三五成群地到田峒的泥块下、石头间寻找蚂蚜，按惯例取两只。找到蚂蚜后，人们便鸣放鞭炮报讯，找到蚂蚜者被认为是当年最有福气的人。找到蚂蚜者将蚂蚜交给主持节日活动的"蚂蚜头"（又称峒主），"蚂蚜头"会为其送上一个红包，说些祝福的话。"蚂蚜头"将蚂蚜装入"蚂蚜棺"（一节剖开的竹筒），合好绑紧，表面用彩色纸糊上。接着，便有人抬着"蚂蚜棺"巡游田峒及村屯。人们认为，抬着"蚂蚜棺"游过田峒，农作物就会获得丰收。抬

● 蚂蚜节活动现场的群众

"蚂蜴棺"巡游村屯各户,是蚂蜴节活动中一项十分重要的内容。在当地壮族人的心目中,蚂蜴是专管人间雨水的神,象征着吉祥、丰收、平安,春耕之前能有蚂蜴临门贺岁,今年将风调雨顺、五谷丰收。村民们精心准备好米粽、糍粑等祭品,站在自家门前翘首等候蚂蜴巡游队的到来。蚂蜴巡游队通常由"蚂蜴头"手持香在前引领,后面跟着抬"蚂蜴棺"的、唱歌的、抬铜鼓的、抬箩筐收祭品的、打鼓的、手持彩旗的……蚂蜴巡游队敲着铜鼓,念诵祝词,唱《蚂蜴歌》,每到一户,祝主家新年万事如意、六畜兴旺、五谷丰登。歌罢,主家赠予巡游队红包和粽子、年糕、米、彩蛋等祭品,并鸣放鞭炮以示感谢。每次巡游所得祭品,如"百家粮""蚂蜴粽""天女蛋"等,被视为吉祥之物,归参加巡游的人分享;每次巡游所得红包钱,则汇总作为葬蚂蜴及待客的费用。

游蚂蜴之后就要孝蚂蜴。蚂蜴巡游队将"蚂蜴棺"放回社亭后,在既有的蚂蜴坟边竖起五六米高的彩色纸幡。在孝蚂蜴期间,家家户户带上肉菜、酒、糍粑等祭品到社亭里焚香供祭,男女老少聚集在社亭内外为蚂蜴守灵,或唱颂《蚂蜴歌》,或念颂蚂蜴功德。随着激越悠扬的铜鼓声,年轻人跳起蚂蜴舞、铜鼓舞,孩子们则装扮成牛、马、羊等快乐嬉戏。

孝蚂蜴之后是葬蚂蜴。葬蚂蜴的仪式、规模各村屯略有不同,东兰县巴畴乡巴英村的仪式最为隆重,每次参加者至少有七八千人,活动内容也很丰富。举行葬蚂蜴仪式这天,巴英村家家户户杀鸡宰鸭、做豆腐圆、蒸五色糯米饭、染彩蛋,准备丰盛的佳肴款待亲朋好友。早饭后，村里响起三声"地炮"，小伙子们扛上四面铜鼓到村边山上敲打，直到傍晚才回家。晚上全村男女老少聚集在纸幡下，举行葬蚂蜗仪式。葬新蚂蜗前，先将去年葬的蚂蜗尸骨取出，然后由一老者念诵祭词，埋葬新蚂蜗，歌手领众人唱起《祈蚂蜗歌》。最后，葬蚂蜗仪式在歌声、铜鼓声中结束。

葬蚂蜗之后，要举行盛大的化装表演活动，这时蚂蜗节活动达到高潮。当天，方圆几十里的群众络绎不绝地赶来参加活动。表演开始，两位老翁戴面具，扮成"蚂蜗公"和"蚂蜗婆"，他们边走边手舞足蹈，在一群戴面具、手持棍棒的"蚂蜗仔"的护卫下走进人群中。众人自动让出一条三四米宽的过道来。"蚂蜗公"和"蚂蜗婆"通过过道并巡垌一周之后，即悄然离去；"蚂蜗仔"们则留下来维护秩序。接着，"渔翁""卖药郎"等几个角色依次出场，按角色持道具即兴表演，内容均为预祝新年万事如意、风调雨顺、六畜兴旺、五谷丰登等。如今大多数地方过蚂蜗节的仪式已经从简。

蚂蜗节期间还会举办让人流连忘返的蚂蜗歌会。其间，各村各寨的歌手陆续前来，青年男女自由组合成若干歌组。先由"蚂蜗头"与一人齐唱开场歌，歌手按男女分别坐过道两侧，以问答的方式唱蚂蜗节的来历，赞颂蚂蜗的功德，然后唱贺年歌、十二月歌、四季歌等，内容涉及天文、地理、历史传说、风俗人情、生产劳动等。青年男女的对歌活动往往通宵达旦。东兰县巴英村的蚂蜗歌会在村前较宽阔的河滩上举行。20世纪80年代以前，蚂蜗歌会是当地及周边壮族人民，尤其是青年男女交游、对歌择

● 热闹而有趣的蚂蚜舞表演

● 蚂虫另节上的化装表演

偶的重要场所，是整个蚂虫另节活动的高潮，参加歌会活动的人多达一两万人，不仅有本村和邻村人，还有来自天峨、南丹、凤山等县的民众。

东兰县长乐镇板登村在蚂虫另节期间，还有赛铜鼓、打陀螺、踩高跷等传统娱乐项目，并增加了织布、拉棉线、编竹器、纳鞋底、木工、舂碓等生活内容展演，生动地再现了独特的壮族稻作农耕文化。蚂虫另节活动从早上10时开始到第二天天亮，当天晚上全村灯火辉煌，男女歌手通宵达旦对歌，户户都备有五色糯米饭、粉蒸肉、豆腐圆等各式美食招待宾客。每年前来参加活动的游客、媒体记者、摄影爱好者数不胜数，村内外车辆停放延绵两三千米，盛况空前。

稻田里的祈愿——芒那节

"那",壮语意为"水田"。过去,壮族人民一生以种植水稻为生,依水田而居。壮族地区的许多地名都带有"那"字,如那坡、那马、那板、那龙等,形成了独具特色的"那"文化。

芒那节即"祭祀田神的节日"。芒那节是桂西南壮族人民在长期的农耕生产生活中形成的地方特色浓郁的民俗活动,是壮族"那"文化的重要组成部分。芒那节主要流行于以隆安县为中心的右江支流渌水江和罗兴江流域一带,节日的集中举办地在隆安县的那桐、乔建、丁当、南圩等乡镇,其中最为隆重的当属渌水江、罗兴江、右江三江汇合处的几个村屯,如鹭鹚、博浪、儒浩、廷罗等村屯,这一地区被称为壮族芒那节的中心区域。2010年,壮族芒那节被列入自治区级非物质文化遗产名录。

壮族芒那节活动始于远古,具体时间已无从考证。据清道光十八年(1838年)十二月十八日隆安县乔建镇儒浩村大王庙的《众修庙宇两庑戏台碑记》记载可知,五百年前芒那节活动在隆安已经非常盛行。有专家考证,壮族的芒那节活动与远古骆越人的大石铲农业祭祀活动有一定的渊源。

壮族芒那节活动包括农历四月初八的"求雨""祭农具"等一系列稻作祭祀活动，从农历四月初八开始，至农历七月二十结束。芒那节举办的时间正是水稻快速生长发育和孕穗的关键时期，出于对水稻丰收、生活富足的美好愿望，在这一时期壮族各村纷纷举行祭祀仪式，以祈求风调雨顺、水稻丰稔。这些祭祀活动与稻作农耕活动结合在一起，内容繁杂，仪规各异，形成了完整的芒那节活动程序。

求雨是芒那节最早的活动，始于农历四月初八，以隆安县那桐镇最为典型。农历四月是稻谷播种季节，为求苍天赐降雨水，以便尽早播下谷种，农历四月初八这天，村民们带上猪头、鸡、糖饼等祭品到田头供祭苍天，每人还拿一个竹制的喷水筒向天上喷水，以示求雨。村民们还请来师公设坛打醮，做法事求雨。师公身着法袍，头戴面具，手拿铃铛法杖，一边唱念，一边舞蹈。唱念完毕，师公用清水洒向村民，将白米撒向大地，寓意赐雨，还报天恩。其间，求雨的村民不能戴帽。

壮族民众在农历四月初八举行求雨仪式的同时，还秉承古时候祭祀石铲的习俗。各家各户将自家的犁、耙、铲、锄、镰刀、泥箕等农具拿出来，摆成一排，面对上苍，焚香烧纸，虔诚礼拜，希望上天和这些农具能给他们带来丰收和好运。这种习俗后来发展成一年一度的农具节，其隆重和热闹的程度在壮族地区不亚于春节。芒那节活动期间除了祭祀，还有巡游、唱戏、山歌对唱等文娱活动，而农具展销则是最重要的活动内容。在此期间，人们会带来各种各样的农具在集市上交易，农具买卖异常红火，年年

● 芒那节上展示的农具

● 售卖农具的摊点

购销两旺。参加农具交易的不仅有隆安本地的民众,还有来自田东、田阳、平果、天等、大新、邕宁、武鸣、扶绥等地的客商。从农历四月初开始,商贩们就陆续将各种农具摆在那桐镇的集市、街头巷尾。人们也热衷于在农具节期间购置农具。当地壮族群众认为,在举行感恩祈福的节日里添置农具,会带来好运气,来年的水稻会丰收。

娅王也被称为"鸟王""姆王",是壮族的水稻守护神。在壮族地区流传着很多关于娅王的传说。如流传于隆安县乔建镇、南圩镇一带的《母谷节的传说》——从前,某年四月,渌水江、罗兴江两岸被洪水淹没,稻谷、瓜果、豆菜等食物都被右江洪水冲走了,泥屋倒塌,木屋被冲走,庭园田地都被烂泥巴埋没了,连稻种也没有了,大家为往后的日子发愁。有人便去请教麻雀。麻雀飞到"岜母慈"(今西大明山)找娅王,娅王将稻种交给麻雀。麻雀口衔稻种飞回村庄,教人们把稻种播种在洪水退后有烂泥巴的平地,并将娅王的嘱咐转告人们:"三分鸟、六分收,搓了壳,煮饭吃,一分种子留明年。"人们将娅王的嘱咐记在心上,当年水稻大丰收,从此人们有稻米吃了,再也不用吃野菜度荒年。再如流传于隆安县那桐镇的《娅王洞的传说》——古时候,那桐镇那重村有一片沼泽地,有丰富的水产品和可食用的野生植物,但没有主食。有一天,一只大鸟口衔一根稻穗从西边飞来,栖息在那重村的沼泽地上。几个月后,沼泽地长出了不少水稻。人们把稻穗取回,脱壳后煮成饭吃,感觉美味无比,于是留下一部分稻种在沼泽地上种植。几年后,这里就长满了水稻。从此,那重村的村民过上了丰衣足食的好日子。为了报答大鸟的恩德,人们用稻米制成各种食物,想给大鸟吃,但连续寻找几天都找不到它的行踪。一天晚上,族老做了一个梦,梦见一位老婆婆对他说:"大鸟是娅王的化身,住在村边的岩洞里,你们把食物放在洞里就行了。"第二天,族老按照梦中老婆婆的嘱咐,把食物放在村边的岩洞里,并对着岩洞顶礼膜拜。从此以后,这个岩洞就被称为娅王洞。娅王也就成了稻神,千百年来受人们膜拜。

"请娅王"仪式上,在师公的念诵声中,由女性扮演的娅王登场。此时全村人把稻穗、稻花抛向"娅王"。随后,"娅王"换上一身缀有鸟毛的礼服,在一片乐声中走向人群,把丰收的祝福

● 农历四月初八,人们抬着娅王像游街

带给大家。

芒那节最后一项活动是"祭娅王",在农历七月二十举行。据说这天是安葬娅王的日子。当地有传说:古时候掌管风雨雷电的天神故意刁难百姓,一年当中不施半点雨露,致使禾苗干枯,民不聊生。娅王于心不忍,飞到天宫请天神降雨。天神下令降雨七天,老百姓喜上眉梢,因为雨水的到来意味着他们又能耕田播种、安居乐业了。但是娅王却因连日大雨不停,无法飞出去觅食,最终饿死。娅王为百姓的稻作生产做出了杰出贡献,因而深受壮族人民的崇拜,后来被奉为壮族的稻神。

"祭娅王"是芒那节必不可少的内容。当天一大早,村民们便忙活起来,晌午过后,人们挑着熟鸡、猪肉、米酒、米粉、粽粑、彩幡和香烛等物品,陆陆续续走到自家稻田边,开始祭祀活动。他们把各种祭品一一摆在竹米盆上,燃香点烛,往酒杯里斟酒,口里念"稻神稻神,为我稻穗灌浆,帮我赶走害虫,赐我稻谷丰收",然后面对自家稻田拜三拜,最后在稻田里插上彩色纸幡。至此,祭稻神活动宣告结束,别具特色的芒那节也随之落下帷幕。

又是一年霜降时——霜降节

霜降节一般是在每年阳历的10月23日左右，主要流行于广西南部天等、大新、德保、靖西、那坡等县（市）的壮族地区，是个十分隆重的节日，当地人对这个节日的热情不亚于春节。大新县的下雷镇、天等县的向都镇是壮族霜降节活动的核心区，每年举办的壮族霜降节持续三天。2016年，壮族霜降节作为中国二十四节气扩展项目之一被列入联合国教科文组织人类非物质文化遗产名录。

霜降节起源于壮族稻作农耕，是壮族民众庆祝丰收、表达祈盼来年五谷丰登良好愿望的一种形式。在宋代，每年农历霜降期间，劳作了一年的壮族民众，用新糯米做成"糍那""迎霜粽"，趁农闲的机会交朋结友、走亲串戚、对歌看戏，并买卖农产品和生活用具。霜降节时还要敬牛，让牛好好休息。

明代嘉靖年间，壮族霜降节融入了纪念英雄的内容，将颂扬英雄事迹、传授民族历史知识、宣扬保卫家园、谋求平安等内容融入节日活动中。

关于霜降节的来历主要有两种说法：

一说明末清初,下雷土州第十四代土司许文英与靖西县(今靖西市)湖润土司岑怀永的女儿岑玉音结为夫妇。岑玉音是个文武双全的女将,有一年,朝廷下令让许文英到闽越沿海抗倭(也有说抗安南的),岑玉音骑一头牛随夫出征,在战场上英勇杀敌。许文英夫妇凯旋那天,正值霜降,家家户户张灯结彩,敲锣打鼓,舞龙舞狮,抬着岑玉音骑牛上阵的塑像游行,如此世代相传,便形成了规模盛大的传统节日——下雷霜降节。许文英夫妇无嗣,

● 霜降节当天,人们抬着岑玉音的塑像游行

因岑玉音骑牛抗倭立功，后人就尊称她"乜娅莫"。"乜娅"是壮语里对老妇人的称呼，"莫"指黄牛。许文英夫妇去世后，老百姓立庙纪念之。许文英庙在逻水西岸陇克坡上，也叫"将军庙"；乜娅莫庙在逻水东岸陇垛坡上，也叫"玉音庙"。两庙隔河相望，香火不断。

二说是为了纪念壮族女英雄——长奶夫人。天等县向都镇当地有山歌唱道："霜降歌节自古有，为忆长奶奇功勋。故事如歌年年记，哥妹再唱一百年。"相传，长奶夫人是大新县下雷镇人，出身武术世家，武艺高强。古下雷镇地近交趾古国，经常被交趾人侵袭、抢夺财物，民众苦不堪言。为此，长奶夫人自发组织"护乡同盟会"，抵御交趾人。在一次与交趾人的激战中，"护乡同盟会"大部分会友壮烈牺牲，长奶夫人背着3岁幼子，带领幸存的战士撤到向武（今天等县向都镇附近）安营扎寨。向武不时被土匪偷袭，长奶夫人挺身而出，率部杀匪，保护地方安宁，赢得民众拥戴，成为向武一方首领。一次，长奶夫人背着孩子，带领全部人马在青龙山下（今向都镇清风岩一带）与盗匪决一死战，最后大获全胜，但在收兵回营途中，母子二人被暗箭射中，双双落马身亡，这一天恰好是农历霜降日。悲痛不已的当地民众高搭祭棚，下雷镇及四邻八乡群众带着丰盛的祭品自发前来拜祭，祭祀仪式进行了整整三天三夜，最后大家将长奶夫人母子厚葬在向都镇附近。从此，每年霜降节，向都镇男女老少都到长奶夫人墓前祭奠，形成惯例并代代相传。向都镇及周围乡镇前来拜祭长奶夫人的青年男女也借此机会对歌，互相倾诉爱慕之情。一代又一

代的青年人在霜降歌节上相识相爱，结成伴侣。

　　清代，壮族霜降节更为盛大隆重，不但百姓祭祀，州官也常身着官服率众拜祭，其间的物资交流也更趋频繁，参加的民众数以万计。现在，霜降节依然是当地最隆重的节日。在大新县下雷镇，过去人们想知道孩子多大年龄，通常会问其父母："孩子有几个霜降了？"可见霜降节在当地已深入民心。

　　霜降节分为头降（又叫初降）、中降、尾降（又叫收降）三个阶段，以中降为高潮。在头降的当天，人们一早就开始忙碌，做粽子、糍粑、五色糯米饭，杀猪杀鸡，既为敬神祭祖，也为款待来自四面八方的亲戚朋友做准备。人们通过敲锣打鼓、舞龙舞狮等形式，祈祷健康长寿，并表达祈盼风调雨顺、五谷丰登等愿望。

　　霜降节期间的娱乐活动可谓丰富多彩，舞龙舞狮、对唱山歌、戏剧演出是必不可少的内容，通常在中降晚上举行。戏剧演出以壮剧、粤剧、邕剧为主，传统剧目有《狄青被围》《乜娅莫上阵》《司犹烧衙门》等，以惩恶扬善为主题，宣扬邪不压正的精神。近年来，天等县向都镇的打榔舞、拜囊海等表演也融入霜降节的文艺演出之中，而现代歌舞表演因广受年轻人的青睐，逐渐取代传统剧目表演，成为人气最旺的娱乐节目。

　　过去，对唱山歌是霜降节期间人们最期待的娱乐活动。对歌活动从头降开始，一直持续到第三天的尾降，形成规模宏大的霜降歌圩，称为"丹霜降"。山歌有靖西腔、德保南路腔和"伦"三种歌调。对歌时，三种歌调浑然一体，歌手自由组合，竞相唱和。各种不同风格的山歌调此起彼伏，人们一直唱到尾降还意犹未尽。随着时代的发展以及经济文化的繁荣,现代歌舞表演、文艺晚会、篮球赛、拔河比赛等娱乐活动也逐渐成为壮族霜降节的重要内容。

霜降节是当地民众走亲访友加深交流的大好时机。过去交通不便,亲戚朋友们都是提前一天到,初降的前一天晚上,基本上各家各户都住满了客人,各家各户杀猪杀鸡、做糍粑、蒸糯米饭,以招待客人。

当地人相信"霜降节购买的东西耐用、吉祥",很多人会省下一年的钱,到霜降节时才买新的生产、生活用具,图个吉利,

● 霜降圩上的商品

久而久之便形成霜降圩。特别是婚嫁用品，人们都喜欢在霜降圩购置。送礼者告知是在霜降圩买的礼物，受礼者会认为是"霜降降福"而倍加欢喜。霜降圩的赶圩者多为妇女。过去，本地货品如德保的藤篮、各式衣帽，靖西的瓦缸、土布，龙英的箱柜、壮锦，安平的草席、农具，金龙的蓝靛、染齿原料等，都是霜降圩期间的热门货。现在，随着物质生活水平的提高，霜降圩销售的商品更加丰富，有生产工具、生活用具、各种美食、各式服装等。

此外，围绕霜降节形成的壮族霜降文化也别具特色。当地壮族人民认为霜降节气所在农历九月不同的旬日对农作物生长会产生不同的影响，并将此编成口诀式的农谚，预测收成，如："霜降在初旬，卖牛来买米；霜降在中旬，汤水不离锅；霜降在下旬，卖米来买牛。"意思是说，若霜降的这一天在农历九月初旬，节气来得早，水稻等农作物刚抽穗扬花，受寒露风侵袭，影响受粉结实，产量就低，谷物歉收，出现饥荒，就要卖牛买米度日；若霜降这一天在农历九月中旬，就会有疾病流行，就要杀鸡宰鸭祭神，煮鸡鸭的锅头要不间断地盛满汤水；若霜降之日在农历九月下旬，五谷避过寒露风，果粒饱满，是丰稔之年，可以卖余粮来买牛了。这是壮族人民长期积累的生产经验。

过去，壮族还有"霜降浪垌"的习俗。霜降是收获季节，人们可以在已收割的田地里捡拾遗漏的谷穗、棉花，叫"霜降浪垌"。"浪"是洗刷，意思是过了霜降这一天，田垌的作物都收割完毕，洗刷干净了，可以随便捡漏了。过了霜降这一天，拾遗者可以到处走，田地主人不加干涉。但是若发现成片庄稼未收，拾遗者就要自觉止步。与此同时，人们可以自由放牧，让牛羊在已收割的田野上吃草，叫"霜降郎莫怀"。"郎"是游荡，"莫"是黄牛，"怀"是水牛，意即过了霜降这一天就可以随便放牧，牛羊可以在已收割的田野上游荡觅食了。

舂出白米香——吃新节

"牛歇谷雨马歇夏,人歇吃新不要哇(说)。"这句民间俚语说的就是吃新节。

吃新节,又叫尝新节,是广西民间特有的传统农事节日,多数民族都过吃新节,但时间不同,内容也有所不同。

瑶族通常于农历六月初六过吃新节。过节时,人们把先熟的稻谷取一些下来做成饭,喂食家中的狗儿,之后人才可食用。传说很久以前,瑶族人的祖先在坐船迁徙途中遭遇汹涌的海浪,木船被海水倾覆,船上所有的粮食都被海水冲走。正当人们一筹莫展的时候,却惊喜地在狗的尾巴上发现了一些谷物种子,于是将这些种子种在地里,精心培育。到了秋天,庄稼获得了丰收,瑶族祖先得以渡过难关。为感念狗的恩德,人们在吃新节这天先给狗喂食,以表谢意。

彝族过吃新节,要接回出嫁的女儿,宴请宗族长辈和亲友一起吃新米饭,庆祝农作物丰收。彝族人过此节时,老人和客人必须坐在正厅中间位置,先由长辈举杯,晚辈才可动筷,否则被认为不尊重长辈和客人。宴饮期间,彝家姑娘会趁客人不备,热情地往客人碗中添满新米饭,示意客人吃饱喝足。

壮族在农历八月初过吃新节。节日当天,家家户户杀鸡鸭,将糯米炒熟后碾碎用以拜祭祖先。祭祀之后,先盛一碗新米饭,用肉汤浸泡后,喂食家中狗儿。之后,人才可以享用新米饭。相传在远古时期,人们没有种植水稻,没有米饭吃,以野生动物和野菜为食物来源,常常饥一顿饱一顿。后来,人们听说东方有一种名为"草果"的谷种,可以种植和食用,于是一个年轻的猎人决定去寻找"草果"。他带着心爱的猎犬,翻越九十九座高山,蹚过九十九条河流,走了七天七夜,历经千辛万苦,终于找到了"草果"。那时正值稻谷成熟的季节,为了尽快将种子带回自己的家乡,猎人取了种子后就不停地往回赶。当他用竹筏横渡最后一条江河时,却不幸落水。不知过了多久,猎人被浪推到江边。他艰难地起身寻找谷物和猎犬,却只看到眼前的江水。现实的打击令他两眼一黑,晕了过去。当他醒来睁开眼睛时,发现奄奄一息的猎犬正守护在他的身旁,嘴里还含着几粒谷种。猎人喜出望外,把谷种带回家乡。靠着这几粒谷种,人们种起了庄稼,告别了过去食不果腹的日子。为了感谢狗的恩情,壮族人民在稻谷泛黄时过吃新节,并让狗先享用新米饭。

关于吃新节,仡佬族也有一个传说。相传仡佬族祖先原来住在天上,他们来到人间的时候并没有粮食,只能以野菜果腹,生活十分艰苦。有一日,天犬将种子带到人间,仡佬族祖先于是开垦荒地,种植五谷,但第一年,粮食却未获丰收。于是他们去请教盘古,盘古说:"种粮要依靠天地之气。只有风调雨顺的年岁,

人们载歌载舞庆贺丰收

才能大获丰收。胡乱开垦会冒犯地母，所以要向她赔礼，要杀牛马祭祀天地，这样才会获得好收成。"仡佬族祖先按照盘古的嘱咐，举办祭祀活动，当年粮食果真获得大丰收。从此，每年农作物成熟时，人们就会宰杀牛马，拜祭天地，祈祷来年风调雨顺、粮食丰收。仡佬族吃新节基本内容包括采新、吃新、祭祀和庆祝，持续三日。在吃新节结束之前，所采摘的庄稼都不得放在室内，且不可食用。仡佬族吃新节的一个重要内容是祭祀祖先。在农历八月的第一个"虎日"，全寨人把一头公牛牵到宰牛台宰杀，用来祭祖。根据传统，长房长老在现场将牛心剖开，再将其平分给各个家族，并在随后的拜树祭祖环节中使用。牛心是仡佬族齐心团结的象征，仡佬族用分牛心来表达族群"同心同德"的美好愿望。祭祀结束后，各支系参与者将会在宴会上一同分享牛肉。

苗族一般在糯稻种植完毕后至收获前庆祝过吃新节。此节为祈祷农作物丰收和子孙昌荣的节日，也是一个以稻谷的成熟期为物候符号的节日。苗族大多数地区一般逢卯日庆祝吃新节，他们非常重视这个日子。究其原因是，卯日代表兔子，兔子为食草动物，稻谷属于草本植物，而人吃稻谷的行为将人与草本植物关联起来，所以卯日就与人的成长建立了密切的象征关系。在物候学上，每隔十二天出现一个卯日，每十二天代表一个生物生产周期，在此期间，人与兔子、稻谷彼此关联。因此，苗族每遇卯日都会一起研究物候的变化，而这恰恰是苗族定期过吃新节的目的。苗族吃新节通常在不同村寨中轮流展开。苗族的吃新节是一个以同一家族成员为主体的节日，而与该家族有亲戚关系的家庭成员也会应邀参加活动。吃新节是一个周期性祭祀和休假的节日，人们要在卯日的头一天杀猪、杀鸭、杀鸡、杀鱼、包粽粑，准备丰盛的菜肴和祭品。在卯日当天，人们要从田间地头摘取三五根抽穗的秧苗，将之剥开谷壳后放在糯米饭上，或者将秧苗挂在祖先神龛上，再将鸡、鸭等祭品放在神龛上用于祭祀祖先。一些村寨还会到牛栏处祭祀耕牛。这一天，外嫁女会抬着鸡、鸭等各式各样的礼物回娘家探亲，与父母一起过吃新节。在卯日后，各地会举行各种文娱活动，如吹芦笙、斗牛、踩鼓和爬山"游方"（未婚男女通过对歌寻找意中人）等。不论何时何地，所过的吃新节都要以稻谷作为祭品，有的村寨在稻谷刚抽穗时的卯日过此节，有的村寨在稻谷长浆时的卯日过此节，有的村寨则在稻谷成熟之后的卯日过此节。不论稻谷是否成熟，都要采摘一些用于祭祖。

冬日里的祈愿——依饭节

在广西的北部，有一座城叫罗城，城里聚居着一个历史悠久的民族，叫仫佬族。城，因族而兴；族，居城而生。城与族，彼此相依相存。

依饭节是仫佬族独有的节日，是仫佬族祈求祖先保佑、庆贺丰收的传统节日。当感恩与丰收在某一段时光、某一个季节不期而遇，欢声笑语就溢满了城墙院落、青山旷野。依饭节已经成为一个文化地理标志，与罗城紧紧地联系在一起。广西各地仫佬族过节的称谓略有不同——罗城仫佬族自治县东门镇中石村大银屯称为"地台"，河池市宜州区境内居住的仫佬族称为"喜乐愿"，忻城县马泗乡一带的仫佬族称为"贺香火"，其他地方还有"做依饭""敬依饭公爷""还祖先愿"等称谓。

依饭节绕不过一个"冬"字，"冬"与依饭节有着很深的渊源。其一是过节时间，一般为二十四节气中的立冬。依饭节一般三年举办一次，各地仫佬族过节的时间略有不同，但大都是择立冬后的吉日进行。相传仫佬族先祖"依饭公爷"冬季迁入罗城，在罗城开拓荒野、繁衍生息，形成了今天的族脉。仫佬族人民为了纪念先祖的伟绩，感恩先祖的庇佑，故选择冬季过此节。2014年新修订的《罗城仫佬族自治县自治条例》规定："每年农历立冬日为仫佬族依饭节，放假1天。"其二是过节的组织以"冬"为单位进行。仫佬族大都有族长，域族内分"冬"。"冬"，即仫佬族一种以血缘关系为纽带的宗族组织。"冬"内有"冬头""首事"和"房长"，形成以父系小家庭为基础的社会结构。

依饭节期间，男女老少共享欢乐，祈求来年年谷顺成、人畜平安。依饭节的中心内容是办"依饭道场"，道场设在祠堂，没有祠堂的则在族首家举行。祭祀堂内壁上挂36位神灵的画像，供桌上则依次摆放36位神灵的木制面具。供桌上摆放香烛、筒符、桃木剑等法器。另外还有"清筵"（茶叶、柑橘、甘蔗、芝麻、黄豆等12种素食品）和"浊筵"（猪头、猪尾、鸡、鸭等12种荤熟食品）以及五色糯米饭、红线扎好的糯米谷穗等供品。这些供品中以红薯做的黄牛和芋头做的水牛最有特色，"牛角"用猪獠牙制作，"牛脚"用香梗插成，"牛尾"则是用麻丝编制而成，制作材料简单，工序也不繁复，成品却栩栩如生。民间祭祀仪式一般由梅山派师公主持，其中身着红衣脚穿草鞋的"跳师"负责跳请神敬神的舞蹈，跳舞时根据扮演角色需要戴不同的面具；"唱师"则身着便装，负责唱请神的经文。

依饭节主要由请圣、点牲、劝圣、唱神、合兵和送圣等程序组成。

请圣。上香点红烛，摆12种素供品，在红纸上写下36位神灵的名字，由"唱师"念唱，同时"跳师"跳舞。这一环节象征

着请各位神灵降临祭坛。

点牲。各家一起出36只鸡鸭,师公将鸡鸭宰杀,内脏留给师公和长者,其余的待节日结束后分给各家用于供奉。

劝圣。这一环节象征着请神灵享用猪头、猪尾、鸡、鸭等12种荤熟供品。

唱神。负责唱诵经文的师公唱诵每位神灵的经历和功德,并打击乐器。整个过程需将36位神灵的唱本演唱完毕,唱本内容有唱词、旁白文字、自述语言。唱词短则三四十句,长则两百多句,有些类似警示箴言,有些是叙事长诗,故此环节时间较长。而负责跳舞的师公则根据不同的唱诵对象,佩戴相应的神灵面具,配以不同的舞蹈动作,舞蹈动作根据神灵的特点而定,以罡步为主,时而翻滚爬地,时而翩翩起舞。

合兵。师公将大公鸡鸡冠咬破,把血滴入酒杯中,与杯中酒混合,然后将血酒洒在供品上。仪式结束后,众人将洒了血酒的供品请回家中,置于神台上供奉,祈愿保人畜平安、五谷丰登,称为"敬依饭"。

送圣。师公一一念诸神的名号,象征着将诸神恭送回庙所或居所,梁九是最后一位需送的神灵。此时,一师公头戴梁九面具,带有几分醉意,一手持一根绑着公鸡的竹竿,一手持酒壶和吹得鼓鼓的猪尿泡,边走边唱,不时向围观群众提各种问题,内容包括天文地理、生活琐事……如果有人答错了,"梁九"会用猪尿泡敲打其脑袋,说道:"公的尿泡敲你头!"引得围观群众大笑。仪式最后,"梁九"与主持头人互敬4杯酒后,踩爆猪尿泡,象

● 依饭节合兵

征赶走所有瘟疫灾难，整个仪式结束。

仫佬族依饭节祭拜神灵多达 36 位，有仫佬族民族神、南方民族共有神、壮族神、道教神和佛教神等。依饭节师公唱经文会依据不同的神灵使用不同的语言，如唱诵梁王、吴王、梁九等使用仫佬族语言，唱诵三界公使用壮话，有时还会使用土拐话（汉族客家方言）等。一种仪式祭祀多个神灵使用多种语言，实不多见，这可能与依饭节的多元起源有关。关于依饭节的传说有很多，有仫佬族先祖"依饭公爷"开基立业、梁王和吴王带领乡民抗击外敌、白马娘娘保一方平安、罗义射狮和罗英驯牛等众多传说，这些传说反映了仫佬族漫长的历史社会进程，从侧面展现了仫佬

族先民的智慧和勇气。

依饭节除了办"依饭道场"外,节日期间还要举行坡会,也叫"走坡",是仫佬族青年男女社交的盛会。坡会大多选择在村寨、乡镇交界的地方举行,如此不同姓氏或血缘的青年男女就有更多的机会相互交流。仫佬族男女老少普遍会唱山歌,"走坡"以男女对歌为主。仫佬族山歌主要有3种:一是"随口答",即一般的随问随答;二是"古条歌",用于叙述故事;三是"口风",分"正口风"和"烂口风"两种——"正口风"内容大多是劝人为善,"烂口风"内容大多是抨击歪风邪气。

依饭节是仫佬族文化习俗的积淀,是仫佬族文化的重要象征,在其长期发展过程中形成了较为完整的民族性、多元性特征。2006年5月20日,经国务院批准,仫佬族依饭节被列入第一批国家级非物质文化遗产名录。罗城仫佬族自治县于2009年、2013年、2017年和2020年成功举办了4届"中国·罗城仫佬族依饭文化节",文化节期间人们不但可以观看仫佬族民族特色表演和原生态依饭节表演,还可以品尝风味独特的"依饭风味千家宴",游客与仫佬族民众共享欢乐,共庆丰收,给古老的依饭节增添了新的活力。

依饭节就这样与罗城、与仫佬族紧紧地联系在一起,共生共长,共存共荣。

分龙行雨——分龙节

分龙节，与龙有关，与水有关，与播种有关，与丰收有关。人们相信：龙，主宰着雨水；分龙行雨，寓意风调雨顺。

分龙节流行于中国各地，其起源流传着众多的版本，虽时间和内容有所差别，但其中都蕴含着生息、收获等元素。广泛流行于江南地区的传说是：每年农历五月雨水多，是因为这个时候小龙要到自己管辖的区域去布雨，因其不舍离开老龙而流泪，导致阴雨天气。

每年的农历五月，居住在环江毛南族自治县的毛南族要举行本民族一年一度最盛大的节日——分龙节，又叫五月庙节。在毛南族人民的传统认知中，龙是管雨水的神灵。为祈求龙均匀降雨，以获得好收成，毛南族人民在每年夏至后的头一个辰日（即水龙分开之日）举行祭祀仪式。关于分龙节，毛南族还有一个古老的传说：毛南族人民居住的地方，群山环绕，土地贫瘠，每年的收成好坏取决于雨水的多寡，而这又与专门司管风雨的神龙数目有很大的关系——过多，容易造成洪涝；过少，则会造成干旱；最理想的是两条神龙交替轮值，均匀降雨，这样人间便会风调雨顺、

五谷丰登。农历五月插秧完毕后是禾苗成长的关键时期。于是，人们择日进行祭天酬神龙活动，希望上天诸神能够合理分龙，保证降雨均匀，以使禾苗茁壮成长，农民获得丰收。

环江毛南族自治县是全国唯一的毛南族自治县，毛南族聚居于上南、中南、下南（简称"三南"）一带。环江毛南族聚居地区位于黔桂边界的大石山区，地势南高北低，受地形影响，南北气候不同，民俗也有差异。为便于祭祀，当地毛南族人民便以铁坳为界，分为上团和下团，铁坳以上属上团，铁坳以下属下团。"团"是明末清初的一种地方行政机关，上团指现在的水源镇上南社区和下南乡中南村，下团指现在的下南乡下南社区、景阳村、希远村、波川村。下团分龙节固定为夏至后第一个辰日，下团节日往前五天即为上团分龙节（亥日）。

毛南族分龙节会有大型的集体性祭祀活动，各村寨推举代表共同主持活动，户户参与，整个祭祀活动分为庙祭和家祭两个阶段。前两天为庙祭，集体举行椎牛仪式，分龙节那天为家祭。毛南族整套祭祀仪式统称为肥套，是由法师戴上傩面具，运用傩歌、傩舞、傩乐、傩戏和傩故事等五大形式来进行的娱神活动。毛南族分龙节供奉的神灵有三界公、财神、观音等共36位，其中最主要的祭祀对象是三界公。当地民谚唱道："庙节五色糯饭摆中堂，鲜嫩的菜牛肉炒生姜。菜牛肉九呀九里飘香，三界公的功劳永不忘。"据传，三界公自幼放牛养牛，掌握了"画地养牛"的神奇本领，他将牛赶入水草丰美的地方，用鞭子在牛群外画一个圈，牛就在圈内自由自在地吃草，不会跑到圈外。当地毛南族人认为，三界公还是毛南山乡饲养菜牛的创始人，发明了圈养菜牛的方法：毛南山乡有耕牛和菜牛之分，耕牛养来耙田耕地，菜牛养来出售食用。三界公将那些年老体弱的耕牛圈养起来，喂以毛南山乡特有的草料和豆料，将之养得膘肥肉厚。菜牛肉质细嫩鲜美，成为毛南山乡一道独特的地方美食，让毛南山乡赢得了"菜牛之乡"的美誉。三界公饲养耕牛，教会人们开发水田，变刀耕火种为铁犁牛耕，极大地提高了生产力。为了感恩三界公，在分龙节这天，毛南族就椎牛来祭奠他。

节日第一天，法师们身着法衣，戴傩面具，跳起祭祀舞蹈，主要有社王舞、瑶王拣花、鲁仙架桥、雷王大刀等15个舞蹈，其目的是祈雨求福。节日第二天，举行椎牛祭祀。人们将一头水牛牵到祭祀场地，祭祀场内摆有供奉三界公的供桌，法师示意人们把祭祀用的水牛宰杀，牛头、牛尾、牛腿和牛血作为祭品祭奠三界公，牛肉则分给人们拿回家祭祀。节日第三天，人们在自己家中祭祀三界公和祖先，祈求风调雨顺。这天，家家户户都会制作粉蒸肉和五色糯米饭，人们将五色糯米饭做成团粘在树枝上，树便成了挂满果实的"丰收树"；家家户户还会从田间扯禾苗摆放家中，祈求五谷丰登。这一天，出嫁的女子会带着儿女回家吃团圆饭，一些远方的亲戚朋友也会登门贺节，而青年男女则聚在一起以歌会知音，共同欢聚分龙节。毛南族群众将耕牛视为勤劳忠实的朋友，在分龙节这天让牛休息一天，并把用青叶包好的五色糯米饭和粉蒸肉喂给牛吃，以酬谢牛一年的辛劳。

分龙节离不开傩戏，毛南族的傩戏又称为木面舞。傩戏是一

种从原始巫术演变而来的古老戏种,因而又被称为戏剧"活化石"。分龙节最核心的内容是祭祀三界公仪式,这同时也是毛南族傩戏里的主要内容之一,祭祀过程充分展现了毛南族古老而神秘的傩文化特色,传递着毛南族人民对生命的尊重和敬畏。栩栩如生的傩面具或狰狞可怖,或慈眉善目,呈现着令人震撼的艺术之美,是傩戏不可或缺的重要道具。傩面具用一种雕刻时不易开裂,也不易生虫,易于保存的"恩木"(毛南山乡的一种树木)雕刻,其雕刻工艺烦琐,制作一个面具需要一个星期的时间。

歌舞不息——哈节

哈节,是京族传统的节日。

京族,是我国人口较少的少数民族之一,是我国唯一的海洋民族。

广西壮族自治区东兴市的"京族三岛"——氵万尾、巫头、山心是我国京族的主要聚居地,与越南隔海相望。京族由古骆越部落发展而来,在隋唐时称为"僚",也曾称为越族,1958年经国务院批准,改名为"京族"。京族,靠海为生,依海而存。海洋捕捞曾经是京族群众唯一的生产方式,这种落后而单一的生产方式使他们生活一度比较贫困。改革开放以后,特别是中越边贸恢复后,京族群众积极开发海洋经济、参与边境贸易,生活有了很大改善,其生活水平已在中国少数民族中名列前茅。

因为海给予人们丰富的馈赠,所以,京族每年都会举办哈节,为期3天。其间,人们通宵达旦地庆祝,歌舞不息。"哈"是京语音译,有"歌"的意思,"唱哈"即是唱歌的意思,"哈节"即唱歌的节日,既酬神,也娱人。哈节的日期各地不同,氵万尾、巫头为每年农历六月初十,山心为每年农历八月初十。哈节的民间

传说很多,其中镇海大王除蜈蚣精和歌仙的传说比较具有代表性。镇海大王除蜈蚣精传说:以前,在白龙尾海有只专门翻船吃人的蜈蚣精,法力强大难以将其除掉,镇海大王便想出妙计,把煨熟的大南瓜丢进蜈蚣精口中,将其烫死。蜈蚣精死后全身断为三节,头、身、尾部分别变成了如今的巫头岛、山心岛和沥尾岛。为纪念镇海大王的功绩,京族人年年以歌舞祀神祭拜。歌仙以歌号召京族群众反抗压迫传说:几百年前,在封建统治者的压迫和摧残下,京族地区人民穷困潦倒、苦不堪言。于是上天便安排一位歌仙下凡,以传歌为名号召群众联合起来反抗统治者压迫。歌仙的歌声婉转动听,使得人们纷纷仿学,久而久之,京族人民变得能歌善舞。后人为纪念歌仙,便定期在"哈亭"唱歌传歌,逐渐形成节俗。

"哈亭"是专门用于"唱哈"的亭子,是举办哈节的主要场所。在"京族三岛"上,各村都会建"哈亭",各个"哈亭"的外观虽繁简各异,但风格相差不大,格局也基本一致。大型的"哈亭"一般都内分正殿和左右偏殿。"哈亭"发展到今天,已成为京族过节、祭祀以及娱乐、议事的公共场所,是"京族三岛"的标志性建筑。

京族人信仰多神,因此正殿内供奉京族信奉的诸神,其中镇海大王在京族人民心中位置极重,其神像一般位于"哈亭"诸神的中心位置。偏殿内两侧设有阶梯形的宾客座席,节庆时按长幼排序和贡献功绩入座。节日前夕,人们穿梭于"哈亭",摆放供桌、供品和各类食品。哈节活动大体分为以下四个部分:

"迎神"仪式安排在"唱哈"前一天,人们结队举旗撑伞,将神座抬到海边,请神"降临"神座,待神灵"落座"后迎进"哈亭"。主持哈节活动的京族头人同时也组织哈节乡饮,听哈的人(指有资格入席哈节乡饮的人)每人养一头大猪,养的时候要精心伺候,此称为"养象"。到了节日,就挑选最大那只用于"祭神"。祭神后,除了献给乡饮的4公斤猪肉,其余的猪肉由"养象"户带回。

"祭神"仪式安排在节日当天下午3点左右。仪式开始后,

● 哈节迎神活动

先由主祭人带领祭祀的人们"迎接"来自海上、天上的神灵进入神位,随后念诵祭文,向各位神灵敬酒和献礼。祭祀之后便是娱神项目,表演内容除了有人们喜爱、充满趣味的古诗词、历史故事说唱等,还有进香歌、进香舞、进酒舞、天灯舞等表演。其中,最具观赏性的要数天灯舞。跳舞时,舞者两手各端一个酒杯,杯中有点燃的蜡烛一根,令人惊奇的是,此时舞者头还顶着瓷碗,碗上叠着盘子,盘子上有3根点燃的蜡烛。当舞者闻歌起舞时,点燃的蜡烛一闪一闪,煞是好看。群舞时,一片烛光影影绰绰,更是吸引人的眼球。进酒舞象征着劝神饮酒。舞者双膝微颤,以三角步往复进退于神案前,双手不间断在胸前表演"轮指手花"和"转手翻花",以表达京族少女对神灵的崇敬和爱戴。

"祭神"仪式后,就到入席饮宴与"听哈"环节,又称"哈宴"。哈宴一般每席坐6至8人,边吃边听"哈妹"唱歌。美酒佳肴除少数由"哈头"供应外,大部分由参加哈宴的人轮流供应。京族本地男子,凡到了一定的年龄(沥尾是12岁,巫头是18岁,山心是19岁),就可以入席参加哈宴,妇女和儿童则在"哈亭"外听歌。哈节的主要活动项目就是"唱哈","唱哈"一般有3人,其中男子1人,叫作"哈哥",也称"琴公";女子两人,叫作"哈妹",又称"桃姑"。"唱哈"时,两位"哈妹"会轮流主唱,主唱的"哈妹"站于"哈亭"的殿堂中间,手拿两块小竹片,边唱边敲;伴唱的"哈妹"则坐于旁边的地上,随歌曲旋律敲打竹制的梆子。京族唱腔有花腔悠长、音调低细、旋律缓慢等特点。唱哈有一定的歌本,大都用"喃字"(京族民间文字)

写成，内容丰富，其内容大致有记载民间故事的，如《琴仙》《刘平扬礼》；专用于舞蹈的，如《月下是谁顶灯》；体现民间信仰的，如《德圣公》；还有汉族古典诗词，如《琵琶行》等。其中，记载民间故事类因其情节生动有趣、人物鲜活而备受京族人喜爱。整个"唱哈"会持续三四天，故"哈妹"们必须轮换主唱。"哈妹"唱哈时"哈哥"就依曲子旋律、曲调拨奏独弦琴，与演唱的"哈妹"一唱一和。"哈哥"使用的独弦琴是一种古老的京族民间拨奏弦鸣乐器，使用竹子制作，京语称旦匏。因其发音与京族民歌的音调十分相似，所以受到京族人民喜爱。在节日里或农闲时，京族群众喜欢用独弦琴伴奏唱歌，琴声歌声浑然一体，沁人心脾。

"送神"仪式即为恭送神灵。《送神调》是"送神"时必须念唱的曲子，"送神"还要"舞花棍"。"送神"仪式后整个哈节的程序便完成了。

哈节期间，除了上述祭祀仪式，人们还进行斗牛、比武、角力竞赛等活动，这也为不善歌舞的男子们提供了展示平台，成为哈节上极富特色的重要节目。

弹天琴　祈福泽——侬峒节

侬峒节是壮族民间传统节日，主要流行于广西崇左的龙州、天等、大新等壮族地区。"侬峒"为壮语音译，"侬"为"下"之意，"峒"为平坦宽阔的地方，"侬峒"即"到宽阔平坦的地方去相聚"的意思。

据考证，侬峒节源于汉代，至今已有一千多年的历史。侬峒节的产生，与人类早期万物有灵的自然崇拜相关。

关于侬峒节的来源，左江流域一带壮族地区流传着这样的传说：相传很久以前，左江流域一连三年大旱，庄稼无收，生灵涂炭。金龙镇神龙洞一女子弹"鼎"（天琴）求雨，边弹边念，结果真的下起了暴雨。雨后的山上，干枯的树木长出嫩芽，地里长出了庄稼，人们得救了。此后每年春节，人们都带着自家的节日美食来到神龙洞，开展求天祈福活动，祈求来年庄稼丰收、氏族兴旺、老少平安，人们称之为"峒节"。后因山洞里容纳不下越来越多的祈福者，人们便走出山洞，汇聚到山下比较开阔的地方举行祭祀祈福活动，称之为"侬峒节"，并一直沿袭至今。

对当地壮族群众而言，侬峒节是一年中最盛大的节日，外出工作的人即使春节不回来，侬峒节也一定要赶回来过节。侬峒节举办的时间各村不统一，通常在农历正月至四月间择日举行，各村屯轮流做东，每村庆祝一天，也有不少是几个村联合庆祝的。节日当天，人们身着节日盛装，相聚在一起祈福，并开展各种娱乐活动，如舞龙、舞干鹄、舞狮、唱山歌、表演民族歌舞、抛绣球、斗鸡、拔河和球类棋类比赛等，场面盛大，热闹非凡。

大新县那岭乡的侬峒节在农历正月和四月"大苗"插秧季节分两次进行，说明侬峒节与稻作生产周期关系紧密。

龙州县金龙镇壮族自称为"岱"或"长衫"，其侬峒节最具特色，程序也最为复杂，节日活动内容分为"求务"仪式和娱乐活动两大类。

"求务"即祭祀仪式，过去是侬峒节的核心内容。人们认为，"务"是壮族高祖以上的神，在天和地之间的地带飘浮，肩负着与天地沟通的职责。节日当天，人们一般从凌晨4时开始准备，各家各户把鸡、肉、粽子等祭品，以及稻谷、花生、玉米、黄豆、棉籽各一把，五色纸花或野花、绿叶一束，摆放在自家的"满"（竹制小供桌）上，黎明前后将摆满祭品的"满"端到"众板"（即村中的公共祭祀场地）上摆放。随后，10余名男女"布祥"（法事操持者）身穿红色法衣，头戴着精致的法帽，手弹天琴，脚摇铜铃，吟唱《跑马庆丰年》《颂花婆》等"求务经"，还不时挥扇跳"求务舞"。"布祥"通过弹天琴、喃经、祭祀、舞蹈等方式，向天传达人们的祈愿，希望来年风调雨顺、五谷丰登、六畜兴旺、老少平安等。

"求务"仪式非常复杂,要经过安桌、封桌、开声、赐种子等10多道程序。"布祥"们所弹奏的天琴声悠远而飘忽,极富古骆越文化的韵味。中午12时左右祭祀仪式结束。主祭"布祥"将各家"满"上摆放的种子收集起来,混合在一起并搅拌均匀,再重新分发到各家的"满"上。主人将种子拿回家后装在小布袋里,挂在孩子的脖子上,鲜花则插在花婆神龛前。人们认为,谷种和花叶为天神赐予,可保佑人间五谷丰登、人丁兴旺,"求花""护花"因而有"得子添孙"之意。传统的侬峒节祭祀仪式中,还有驱虫保丰收的环节。下午4时左右,"布祥"牵着一头小黄牛,带上竹梆,领着人们到田峒间驱逐虫害,以保庄稼丰收。

● "布祥"弹天琴

祭祀仪式结束后，人们回到各自家中，设宴招待前来参加节日活动的亲朋好友。丰富多彩的娱乐活动成为现代壮族侬峒节的核心内容。娱乐活动包括舞麒麟、跳干鹊舞、抛绣球、抢花炮、对山歌、采茶、耍棍子、斗鸡、斗画眉鸟、斗引（踢毽子）、唱土戏、舞龙、踩高跷、抛绣球、打陀螺等，其中以干鹊舞最具特色。

干鹊舞是壮族的祭礼舞蹈之一，又称"花凤舞""干各舞"。"干鹊"是壮族传说中的一种祥鸟，据说可以驱逐瘟疫和虫害。干鹊舞以板烟屯壮族的最为精彩。干鹊舞表演时，以三弦、笛子、二胡作伴奏，两名演员身穿特别制作的"干鹊"服，运用交叉、站立、半跨、全蹲等舞步，模拟禽鸟走动、跳跃、嬉戏等动作，同时双手操作鸟嘴内的机关，使其上下开合，发出"啪啪啪"的声音为舞者拍打节奏。干鹊舞动作憨拙，十分可爱，不时引来众人的阵阵笑声。

舞麒麟即舞狮，当地习惯称为舞麒麟，有驱邪、助兴之意，一般由主办的村落负责组队表演。色彩鲜艳、栩栩如生的狮子伴随着喧嚣的锣鼓声，做着起、伏、窜、翻、仰、登山等动作，吸引着大量观众围观，常会博得观众们的喝彩和欢呼，把节日气氛推向高潮。

按照传统，入夜后，年轻人对歌，直至天明。第二天，人们再赴别的村落赶侬峒节。

如今的侬峒节除了传统的娱乐活动外，还融入了具有现代文化元素的文娱活动，如增加了拔河比赛、球类比赛、棋类比赛、

● 侬峒节上的干鹊舞

● 侬峒节上手持天琴的壮族女子

文艺表演等活动，给充满浓郁民族风情的侬垌节增添了时代气息。

　　侬垌节活动以祭祀为主线，通过念经、寓示天神赐予谷种和花叶的方式，表达了人们对五谷丰登、人丁兴旺的祈盼。节日中的歌舞、游艺、杂技等娱乐活动及相关习俗，与祭祀活动相生相伴，相互交融。

家祭无忘告乃翁

"神不歆非类，民不祀非族。"古人认为，日月运行、风云变幻、山石树木、飞禽走兽，皆有神灵主宰。故天神、地祇、人鬼皆为古人供奉的对象。盘王节、拜树节、跳弓节、清明节、中元节所体现的就是这种祖辈留下的世代相传的习俗，既为酬谢恩泽，也为消灾祈福。

在这些节日里，总有猎猎迎风的经幡，承载人们的哀思，在大地和苍穹之间摇曳；总有缥缈的燃香，飘飘摇摇，抚人思绪；总有雄浑的鼓声，纵然物换星移、沧海桑田，依然如期而至，以一种刚劲的力量，响彻千山万壑；总有虔诚的身姿，翩然舞动，既为召遣神灵，也为愉悦生灵，更为生活祈福。

所有的人在这一天，都抛却一切浮躁世情、凡尘情思，在虔诚的祭拜中寻求内心的安宁、精神的皈依。

"踏瑶"祭盘王——盘王节

盘王节是瑶族祭祖的重要节日。各地瑶族庆祝盘王节的时间各异，通常在秋季收获后至春节耕作前的农闲时段举行，有定期和不定期两种。1984年8月，全国各地的瑶族代表齐聚在广西南宁，人们一致同意在"勉"族系的传统祭祀节日"跳盘王"基础上发展成"盘王节"，并一致认定"盘王节"为瑶族共同的节日，定于每年农历十月十六举办。2006年5月20日，盘王节被列入第一批国家级非物质文化遗产名录。

关于盘王节的起源，有一个流传较广的传说：在远古时期，瑶族民众跋山涉水，在乘船过海时，遇到大风浪，致使船漂在海中几十日无法靠岸，船上的每个人都感到非常绝望。这时，有人在船头跪拜，向始祖盘王祈求保佑子孙平安。后来，神奇的事发生了，海面突然平静下来，船顺利靠岸了，人们获救了。因为获救的这一天是农历十月十六，正逢盘王生日，因此，获救的瑶族民众就砍伐树木做木碓，蒸熟糯米，舂制糍粑，并载歌载舞来庆贺新生和盘王的诞辰。因此，瑶族民众就将此活动称为"盘王节"。

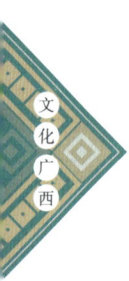

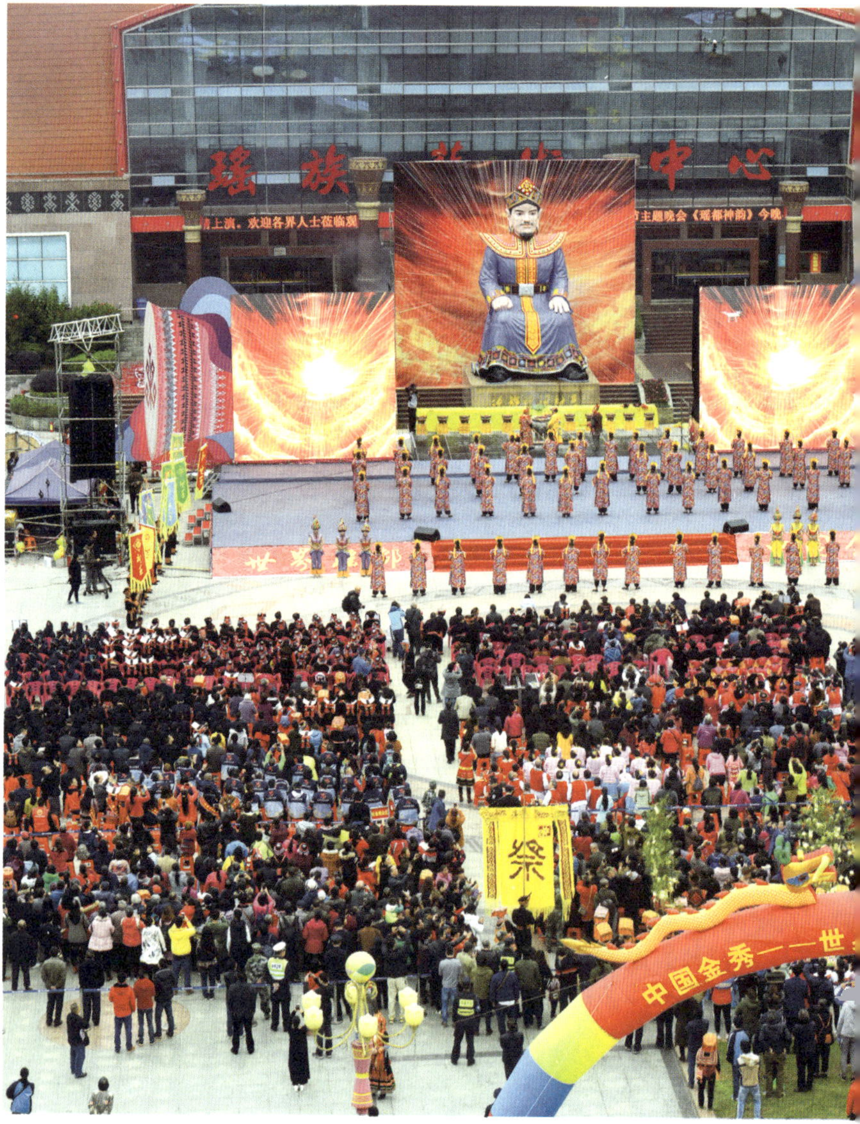
瑶 族
中 心
请上演。欢迎各界人士莅临观
主题晚会《瑶都神韵》今晚
祭
中国金秀——世

盘王节是瑶族最隆重的节日。对于居住在南岭走廊的瑶族人来说,农历十月是相对轻松悠闲的月份。在经历了春耕、夏作、秋收的忙碌之后,金秋十月可以稍事休整,好好犒劳自己,用丰收的果实祭祀先祖,以感念盘王的功德。每年秋收之后到春节前,祭祀盘王的时间通常持续三天两夜,有的甚至长达七天七夜。人们可以单门独户进行祭祀盘王的活动,也可以联合数户或者宗族全体成员共同进行。节日气氛非常浓厚,家家户户杀鸡宰猪、包粽粑、打扫村寨和家屋尘土;男女老幼都穿着节日盛装,齐聚一堂,呈现出一片

● 盛大的盘王节庆祝活动

和谐欢乐的景象。节日期间,既有一套庄严的宗教祭祀仪程,又有各种形式和内容的歌舞助兴,以歌颂始祖、祈祝六畜兴旺和五谷丰登。盘王节时,家家户户杀牲祭祀,设宴款待亲朋好友,场面热闹非凡。人们庆祝盘王节:一是为了祭祀盘王,以跳黄泥鼓舞和长鼓舞、唱盘王歌的形式来纪念祖先功绩,颂扬祖先奋发图强的精神;二是为了庆祝五谷丰登,答谢盘王,并借此机会凝聚全寨人的感情,协调人际关系。与此同时,青年男女还举行对歌比赛,以此寻觅恋人。有些地方还放花炮、打花棍、邀请戏班子唱戏,场面隆重而热烈。

跳盘王活动是盘王节的主要内容之一。宋代周去非的《岭外代答》记载:"瑶人每岁十月,举峒祭都贝大王于庙前,会男女之无实家者,男女各群联袂而舞,谓之踏瑶。""踏瑶"便是"跳盘王"。何为"跳盘王"?《盘王的传说》讲述了其中缘由。相传远古时期瑶山平王养有一只龙犬,它的身上有二十四道斑纹,故名"盘瓠"。一日,瑶山平王与高王作战,平王为招募贤才而四处悬赏,承诺谁若取下高王头颅,就把自己心爱的三公主嫁给他。没想到第二日,这只名叫盘瓠的龙犬竟然叼来了高王的头颅。平王信守诺言,将三公主嫁给盘瓠,并册封盘瓠为"盘王"。新婚当晚,盘瓠变成一个魁梧俊美的男子,公主欣喜不已。后来,公主为盘王生下了六男六女,并传下瑶族十二姓氏。有一日,盘王进山打猎,不小心被一只羚羊撞倒而跌落悬崖,不幸身故。盘王的儿女们抓住羚羊,用羊皮做成长鼓,擂鼓起舞,哀悼父亲。"跳盘王"由此兴起,久而久之,演变成民族习俗,传承至今。

盘王节的另一个主要内容是还盘王愿，也就是祭盘王，是为了还瑶族祖先漂洋过海时获盘王搭救的大愿。还盘王愿的核心内容和仪式受道教影响颇深，包括迎神、"吹笙挞鼓迎圣"和斋祭（清筵）等仪式。迎神指祭拜道教诸神、祖先、家神以及盘王，还之以祭兵愿、歌堂愿和元盆愿。"吹笙挞鼓迎圣"，笙指的是芦笙，而鼓指的是长鼓。吹笙挞鼓队会在不同的仪式阶段分别跳男鼓、女鼓、迎宾鼓和下马鼓等。斋祭（清筵）后，随着请神仪式的开始，师公开始高声吟唱。

盘王节最热闹的部分是唱《盘王歌》和跳长鼓舞。传说盘王去世后，官家对瑶族同胞进行欺凌和迫害，并夺走了瑶山土地。于是，瑶族民众告状，但禀帖（状纸）总是无法到达金銮殿（皇帝）那里。后来，人们将禀帖藏在长鼓中，闯州过府打长鼓，一路表演一路前行。瑶族民众最终顺利抵达京城，他们来到金銮殿，打开长鼓，拿出状纸，向皇帝告了御状。从此以后在盘王节期间，瑶族民众就唱《盘王歌》、跳长鼓舞，并且世世代代传承下来。《盘王歌》是在会歌堂中形成的史诗，也是一部交口称誉的瑶族诗歌总集。《盘王歌》内容丰富，涉及农耕、狩猎、创业、爱情、婚姻、迁徙等多项内容。唱完一部《盘王歌》要花上七天七夜。长鼓舞可分为三元舞、盘王舞、刀舞、兵将舞等，其中，盘王舞是最有特色的舞蹈。随着长鼓声起，舞者时而翻转，时而回旋，时而跃动，大多是模仿劳动场景的动作，如开荒、伐木、植树、播种、狩猎等，动作大气粗犷，节奏明快多变，给人一种豪迈的感觉。

● 盘王节聚餐

过去，盘王节主要在乡村举行。瑶族民众酿制美酒，烹制美食，聚餐庆贺。节日期间，人们敲铜锣、打铜鼓，搭建舞台，跳盘王舞，唱《盘王歌》，青年男女对歌谈情。如今瑶族盘王节多集中于城镇举行，通常由地方政府组织开展活动，主要是同地方庆典，或者与边交会联合举办，活动内容更加丰富多彩，有盘王祭典、文艺表演、瑶族民俗文化展、瑶族刺绣品展览等，并与促进当地经贸往来和旅游文化发展等内容相结合，成为地方借助节俗实现社会交往、传播瑶族民俗文化、增强瑶族人民自信、发展瑶族地区社会经济文化的有效途径。

人与树的对话——拜树节

拜树节,是广西仫佬族一个特有的节日。广西仫佬族拜的是青冈树,因为青冈树与仫佬族的历史、族源相关。

"云南下来一条河,这里流来那里落。仫佬古时无住址,贵州迁来广西落。"相传,居住在贵州的仫佬族先祖在向广西迁徙时,走到了广西隆林各族自治县德峨镇么基村这个地方。当地的村民热情地接待了仫佬族民众,让他们安心居住下来。然而仫佬族祖宗灵位安放的问题却一直没能解决。后来,仫佬族先祖在村口发现两棵苍劲挺拔的青冈树,这两棵大树枝干粗壮、坚硬,枝叶茂密,暴风雨刮不倒,烈日晒不透,于是仫佬族先祖就在这两棵青冈树上各开一个洞,将祖公、祖婆的灵位分别安放在树洞里。从此,隆林仫佬族人就以青冈树为自己本族的祖宗树,并定在农历八月十五这一天,全族人一起祭拜青冈树,缅怀先人。这个习俗代代相传,延续至今。

"青冈树呵树青冈,根深叶茂好阴凉。遮得太阳遮得雨,仫佬灵位有地方。"伴随着悠远的仫佬族山歌,仫佬族拜树仪式开始了。这是农历八月里的一个寅日清晨,隆林各族自治县德峨镇么基村大水井屯村口的两棵百年青冈树下，仫佬族男女老少各自拿着锄头与柴刀围树而立，人们端来的圆簸箕里盛着1.5～2公斤自酿玉米酒、2.5公斤杂粮饭、1公斤切成50片的肥猪肉、50张10厘米见方的红纸、1封100头的鞭炮。人们恭敬地将猪肉等祭品放在青冈树前，祭拜这两棵青冈树。

长老歌声起，喧闹的人群立即静了下来。只见长老奉上一个牛心和两只小公鸡作为祭品，持柴刀向前一步朝树干轻砍一刀，高声问道："长得壮不壮？"众人高呼："壮！"长老又砍第二刀，问："长得高不高？"众人高呼："高！"长老又砍第三刀，问："长得好不好？"众人高呼："好！"长老遂将糯米饭和肉块塞进

● 仫佬族群众前往拜树地点

刚刚砍出的三个刀口，并喷上一口玉米酒，再用一张红纸将刀口封住。鞭炮声响起，众人在长老带领下向大树行祭拜礼，祈愿树木长得更加高大繁茂。礼毕，全村人一起用柴刀清除树根四周的杂草灌木，培上新土，再回到村里聚餐。

聚餐也是有规程的，长老先给每人分一份牛肉，再将祭树的牛心切片分给本族各户。仡佬族人民认为牛心是一头牛最宝贵的部分，所以特意把牛心作为主供品拿去祭拜。过去只有各家各户的长房长子才有资格分享作为祭品的牛心。"如今新时代了，大家都是兄弟嘛，都一起分来尝尝，意味着大家同心协力，同甘共苦。"长老一边笑着说一边操刀切起牛心来。各家各户的孩子们笑嘻嘻地围过来等着领牛心，脸上充满期待。

仡佬族人民始终遵循着人与自然和谐共生的理念，在山林开发与维护中寻求平衡，以使山常青、水长流。在拜树这一天，各个村寨都积极植树，以树木的繁衍生息寄托子孙兴旺的美好愿望；各家各户拿着酒肉、新米饭到田间地头祭拜，并采摘稻穗，将其挂在灶上，祈愿粮食丰收。

如今，拜树节已经成为隆林各族自治县仡佬族共同的节日。农历八月十五这一天，全县的仡佬族群众共同举行祭祀仪式，还邀请周边的其他民族一起共度节日。拜树节促进了仡佬族与其他民族的交流、交往、交融，成为隆林各族自治县一个盛大的民族节日。

大跳小跳祭金竹——跳弓节

"彝寨来贵客,满坡都是福。古榕发新枝,福荫我彝族。山高坡又陡,客人太辛苦。喝碗荞子酒,解渴又消暑。"每年农历四月初走进那坡县的彝族村寨,便会听到欢快而悠扬的歌声,那是遇到彝族的跳弓节了。

跳弓节,是广西那坡县彝族的传统节日,彝语里称为"嘈契",也称"孔够",意为"快快乐乐,祈祷祝福",一般在每年农历四月初八到四月十一过节,为期4天,是那坡县城厢镇念甲村一带的彝族一年之中最重要的节日。

关于跳弓节的来源,有几种说法:一说古时候,彝族先民被入侵者侵袭,败退到一片遮天蔽日的金竹丛林中,情况十分危急。此时有个小伙子急中生智,提议大家用竹子制作弩箭奋起反击。大家箭无虚发,击退了敌人,最后大获全胜,保住了家园。人们敲起铜鼓,吹起芦笙,载歌载舞,欢庆胜利。这一庆祝活动年年相传,逐渐形成了跳弓节。彝族为感激金竹救命之恩,便在村子四周广种金竹,形成了彝寨处处金竹成林的美丽景观。二说远古时候,彝族有九兄弟,老九(人称九公)与仙女喜结连理,生育了许多后代，族内组建了一支人强马壮的队伍。在一次激烈的战斗中，九公的队伍被打散，被迫躲进深山的金竹林中。敌人向金竹林射箭，但是那些箭头射中金竹后纷纷滑落，九公的队伍毫发无损。敌人恼羞成怒，砍伐金竹林。九公急中生智，用火点燃金竹林，金竹发出噼里啪啦的爆裂声。敌人以为有陷阱，慌忙撤军，于是九公等人成功脱险。九公让每人带上一蔸金竹，于农历四月初回到家乡，将带回的金竹种在屋边，以此来纪念金竹的救命之恩。后来，彝族便在每年农历四月初举行以祭金竹为主题的活动，这就是跳弓节。

跳弓节有"大跳"和"小跳"之分。"大跳"每27年欢庆一次，要跳九天九夜，除了在村中的跳弓坪上跳，还要按照指定的路线到山头跳一两天。"小跳"是每年跳一次，每次3～4天，一般在农历四月初举行，具体的日期各个村寨不尽相同。如今一年一度的"小跳"也很盛大。

按照传统习俗，每年跳弓节前夕，各寨要分别选出两名"歌头"，也就是跳弓舞的舞蹈领队，负责带领大家在节日期间跳舞。而寨里手艺最好的彝族阿妈则要为"歌头"精心制作"歌头帽"。同时，每个村寨还要为挑选出的5～7位精壮的小伙子准备长衫与长剑，节日期间他们要装扮成保卫村寨的古代勇士。

到了农历四月初八那天，要举行扫山祭祀活动。祭祀之前，要敲锣通知村里的人前来参加。在寨上老人的带领下，小伙子们扛着一头大猪来到山头上。祭祀活动由寨老主持，先是念经文，然后祭拜。全村人跟着寨老一起完成仪式后，就在山头上杀猪做

饭,大家一起聚餐。

农历四月初九清晨,人们要先在家中祭拜祖先。阳光洒在金竹林时,寨子里响起雄壮的鼓声,这是召集寨子里的人到寨子中央的跳弓坪上欢度跳弓节。跳弓坪中央的两丛金竹四周,摆着酒、肉、糯米饭等供品。大家来到跳弓坪后,由毕摩(彝族祭司)诵经请出寨里的铜鼓。铜鼓声一响,只见两名葫芦笙手吹起跳弓曲调,由"歌头"出场引导,佩带长剑的勇士仿照昔日祖先胜利归来的雄姿,骑着骏马,进入跳弓坪。这时身着节日盛装的全寨男

● 吹着葫芦笙起舞的彝族勇士

女老少嘴里高呼"嚯——嗨——",围成大圈,手牵着手,按鼓点和曲调的节奏,绕坪中的金竹逆时针踏歌起舞,这就是跳弓节中最热闹的活动——跳弓舞。跳弓舞时,人们伴随着节奏鲜明的鼓点,交替跳着铜鼓舞、芦笙舞等各种舞蹈。起舞后,人们要绕金竹走九圈,向祖先表示敬意。其间不时穿插毕摩的"喃吵"祈福等仪式。围舞结束,小伙子们还会表演表现围猎和杀敌的"跳闸门""跨断桥"等舞蹈,以示英勇尚武的精神。

跳弓节上,大家边饮边歌边舞,四处洋溢着欢声笑语,节日

● 在跳弓坪围着金竹起舞的彝族姑娘

的喜庆氛围达到高潮。此时，人们会打起一种独具特色的高柄黄伞，围着跳弓坪中央的金竹舞动欢呼。小小的黄伞配上长长的伞柄在午后阳光的映衬下，像极了一朵朵倔强生长的金色大蘑菇，别有意趣。这一天最后还有一个讨良种的仪式，由姑娘小伙子们去山上采回杉木枝或松枝，在歌舞欢腾后分别插在每个人的头上。彝族人民相信获得这些良种的人都将会家和业旺、福气绵延。

农历四月初十这天，以姑娘小伙子们为主的跳弓队伍会唱起酒歌，跳起铜鼓舞，到各家各户去起舞祝福。其他寨子的人也会从四面八方赶来，寨子里人声鼎沸、热闹非凡。

农历四月十一是跳弓节的最后一天。这一天人们要祭拜金竹，以求得金竹的庇佑，同时也缅怀歌颂祖先的业绩，将彝族人民英勇的精神代代相传。全寨人在铜鼓声中跟随毕摩虔诚地诵念："金竹长在坪中央，猪狗马牛不可来惊动。金竹长在寨中央，男女老少不可来损害……"

拜山祭祖缅先人——清明节

清明节,又称祭祖节、踏青节、三月节、行清节,源于上古时代的祖先信仰与春祭礼俗,是我国重要的传统节日之一。《淮南子·天文训》:"春分后十五日,斗指乙,为清明。"后沿袭为两大传统习俗:一是祭祀先祖,慎终思远;二是郊游踏青,亲近自然。节期在每年农历三月间,阳历则在4月5日前后。2006年清明节被列入第一批国家级非物质文化遗产名录,2008年被正式确立为法定节假日,与春节、端午节、中秋节并称为我国四大传统节日。

作为汉族的传统节日,清明节的主要活动内容是扫墓和祭祖,故又称为"祭祖节"。广西各地汉族都很重视此节日,很多人家节前都用糯米粉制作"清明粑",包米粽,用于祭祖。同一宗姓的祖坟大都在一个地方,所以清明节时人们常常联族扫墓,规模盛大而隆重。到了约定的祭祀日期,同宗族成员带上"清明粑"、米粽、酒、香、纸钱等前往坟山。到了坟山,人们为祖坟除草、修整坟包,然后摆上供品,在碑前祭拜。祭祖按一定的顺序进行,先祭始祖,后逐代祭拜,如有新坟,人们要聚于墓前悼念。祭拜

完毕，人们围坐在一起，追念祖宗功德，或商议族内大事。除联族扫墓外，清明节主要是各家各户自己祭拜。在外工作的人，凡有条件的也都在约定的日子回家扫墓，为祖坟挂纸，以示对祖先的追念，祈求祖先保佑，并趁此机会与家人团聚。

部分广西农村的汉族群众清明时节还有在门庭插柳的习俗。农村迁坟、立墓碑也大多选择在清明节进行。象州汉族有"捡金"的习俗。"捡金"，又叫"老人翻身""二次葬"。清明时，各家各户备上酒肉、香纸，携儿带女去扫墓。邕宁汉族，清明那天家家户户插杨柳，外出郊游、祭墓。有些人将柳枝戴在头上，有的束在腰带上。有些地方的汉族受壮族的影响，从农历三月初三开始扫墓祭祖。如横州市汉族，农历三月初三和清明节时家家户户杀鸡备酒，拜扫祖墓，俗称"拜山"。如家中生了男孩，去"拜山"一定会准备一只宰杀好的公鸡，把添丁一事告知祖先。扫墓时，墓顶上要放纸钱，插一根细竹竿，挂纸幡。桂林市民间还有游春的习俗，是桂林人不可少的活动，从清明扫墓习俗演变而来，已有几百年历史。每年清明前后月余，亲朋好友自发结伴，前往桂林市东郊8千米处的尧山游春，尤以清明前后几天为盛。尧山土岭岗峦起伏，漫山遍野盛开着杜鹃、栀子、蔷薇等鲜花，还有龙池、古井、茅坪庵（祝圣庵）等唐宋古迹。

广西的壮、苗、侗、仫佬、毛南等少数民族多数也过清明节，但活动内容与汉族有所不同。

壮族清明祭祖时间是在清明至谷雨期间。祭扫祖坟时，多为各家各自祭扫其直系祖先之坟，远祖之坟则由一个家族共同祭扫，也有一个房族或一个宗族共同祭扫（即联宗祭祖）的情况。届时，各家各户制作五色糯米饭或糍粑，带着猪肉、鸡肉、酒、香、纸幡、鞭炮等，还要带上锄、铲、镰等工具，逐一祭扫自家和本宗族的祖坟。如果当天祭扫未完，翌日继续，直到把祖坟祭扫完为止。

侗族的祭祀不一定就在清明节这一天，一般是在清明节或者前后一两天，具体日子由族里有威望的老人占卜选定。侗族一般都是整族祭祀，由于墓地园林离寨子比较远，所以往往是每年都选两三家负责全族人的伙食，祭祀这一天，全族人都到墓地进行祭祀、聚餐。这也是一次全族的聚会，人们可趁此机会总结全族一年来的大事，并安排来年清明节的相关事项。

苗族一般选择仲春与暮春之交的吉日来祭祖，多数定在冬至后106天。中华人民共和国成立后，为照顾偏远的苗族村寨，苗族将清明节时间提早4～5天，即定在冬至后100天。祭祀一般分为内祭和外祭，外祭是备足酒肉在祖先墓前进行祭祀，内祭则是外祭结束后在家里举行。无论是内祭还是外祭，都是苗族人民缅怀先祖、亲朋好友欢聚一堂的集体活动。

仫佬族清明节一般为每年阳历4月5日，但其实清明节的前一日、当日和后一日都可作为大祭祖坟的日子，阳历4月5日到5月5日可作为远亲回乡祭祖的日子。族人大祭祖坟时，由清明祭祖牵头人组织各家各户筹钱粮，买肥猪、酒水、青菜等物，全村人到祖坟前杀猪祭祀并在墓地旁聚餐。

毛南族清明节分赶"祖先圩"和祭祖扫墓。"祖先圩"又叫

阴圩,在中华人民共和国成立前多有进行。清明节天未亮时,人们带上孩子,到村外的"坟坡"去购买蜡烛、香、纸钱、糖和猪肉等清明节用品。交易中如投放水盆的钱浮于水上(过去多用东毫、铜钱等硬币),表明祖先已来赶圩,便要中止买卖。清明节各家先用鸡、猪肉、酒和五色糯米饭在家祭祖,然后将这些祭品带到墓地,陈放于祖先坟墓前,烧香燃烛、焚烧纸钱、燃放鞭炮拜祭。已婚的女子也携带祭品回娘家扫墓。扫墓方式有联宗祭祖,也有单家独户进行。祭毕在野外聚餐,青年男女借机对歌交友。

中华人民共和国成立后,机关、学校和企事业单位常常在清明节组织干部、学生、职工到烈士陵园敬献花圈、花篮,祭拜先烈的同时进行革命传统和爱国主义教育,给传统节日增添了具有积极意义的活动内容。

寄哀思　祈福佑——中元节

中元节为农历七月十五，俗称"七月半""鬼节"。"中元节"是源于东汉后道教的说法，佛教称为"盂兰盆会"，以祭祖、放河灯、焚纸锭等为节日活动的主要内容。中元节与春节、清明节、重阳节均是中华民族传统的祭祖大节。2010年5月，由香港特别行政区申报的"中元节"（潮人盂兰胜会）被批准列入第三批国家级非物质文化遗产名录。

关于中元节的来历，依照佛家的说法，农历七月十五这天，佛教徒举行"盂兰盆法会"供奉佛祖和僧人，济度六道苦难众生，以及报谢父母长养慈爱之恩。据《佛说盂兰盆经》的记载，"盂兰盆"是梵语，"盂兰"意思是"倒悬"，"盆"的意思是"救器"，所以，"盂兰盆"的意思是用来救倒悬痛苦的器物，衍生出来的意思是：用盆子装满百味五果，供养佛陀和僧侣，以拯救入地狱的苦难众生。这种仪式最早从南北朝时开始流行，据《佛祖统纪》记载，梁武帝即开始设坛举行盂兰盆会。此后，民间多遵佛制，兴盂兰盆会，以报答父母、祖先恩德。

广西各地普遍流行过中元节。各地中元节节期不尽一致，桂北地区从农历七月初八至十四,桂东南及桂东北地区则从农历七月初十开始至十四,壮族地区则从农历七月初七至十六。中元节是大节,各家各户节前普遍用纸或布做成房子、牛、马、驴、衣服等祭品供于厅堂,农历七月初七或初八开始"接祖",农历七月十二以前要把祖宗"接"回家,一日三餐点香供祭,农历七月十四进行大祭。节日当天家家户户要宰鸭,故又称"鸭儿节"。人们认为亡灵可以站在鸭子上,通过鸭子的运载在阳间和阴间自由穿梭。此外民间还有做米粽、糍粑、肉菜等食物来祭祖的习俗。有新近逝去亲属的人家,过这个节就更显得隆重,亲戚要带上各种祭品前来祭拜,因而主家要办酒席招待。农历七月十四晚到十五早上为"送祖"日。农历七月十四晚上,人们除祭祖先外,还要携带香、烛、纸钱、菜、肉、酒、果品等到村头、路口或附近的山脚,送别祖先,并祭祀各路野魂。祭毕,全家才能享用这丰盛的晚餐。晚饭后,人们将供于厅堂的纸制或布制供物烧掉,边烧边念祭词及祖先的名字,以示给祖先享用,祈求祖先保佑。

中元节也是壮族比较大的传统祭祀性节日。广西壮族在农历七月十四过中元节,俗称"七月十四"。相传壮族的始祖布洛陀逝世于农历七月十四,古人认为这一天阎罗王打开"鬼门关",放鬼魂到阴间活动和觅食。故该节日的重要活动是追祭祖先。祭祖仪式分"接祖""供祖""送祖"。"接祖"一般在农历七月初七、十二两日,在家中厅堂设香案牌位或率全家撑伞到河边、路口焚香叩拜,恭迎祖先还家。"供祖"分常供(一日三餐)和大供(农历七月十四或十五)。"送祖"于农历七月十四、七月十五、七月十六中择日进

● 中元节，田阳壮族拜祭先祖布洛陀

行。"送祖"时也进行"烧包"，即把用冥纸剪成的衣、鞋、房等冥包烧掉。此外，为避免非正常死亡者的野鬼孤魂四处游荡作祟，各家还杀鸡杀鸭，做糍粑，并用彩色纸裁成衣裤、鞋袜，家祭之后，晚上又到河边野祭，燃香点烛，焚烧纸衣，并让其灰烬随水漂流而去，整个仪式过程繁杂而严肃。20世纪50年代后，中元节祭祖习俗仍然盛行，但烦琐的"接祖""送祖"仪式已简化。桂西部分壮族地区的群众把中元节看作仅次于春节的大节，节期从农历七月初七开始。农历七月初七这一天出嫁的女儿要回娘家，姐妹得以相会，所以又称"姐妹节"。广西其他少数民族也过中元节。

广西融水部分地区苗族家家户户农历七月十四这天都要备荤菜、酒、饭等供品祭祀祖先。而广西资源县两水、车田等苗族乡的苗族则把中元节定为歌节。当地苗族群众从农历七月初十起就要烧香化纸、设香案供饭菜，到农历七月十四晚燃爆竹、烧纸钱。

相传苗族先人唐陈杨、唐潘阳兄弟俩举家迁徙，决定搬到山下寻找安身之地，唐陈杨来到车田，即"上五排"，唐潘阳来到两水的烟竹坪，即"下五排"，开荒定居。时值农历七月十五，苗族后人为了纪念祖先和祈求人畜兴旺、五谷丰登，定于每年农历七月十五聚集于车田、烟竹坪两地唱歌，以示对祖先的怀念，久而久之，"七月半"便成了苗族的传统歌节。资源苗族在农历七月十三至十六都要举行三天三夜的歌会。歌会期间，当地苗族以及附近龙胜各族自治县、兴安县的苗、瑶、壮、汉等族群众都身着盛装，一路唱着山歌从各个山头、村寨涌向烟竹坪等歌场欢度节日。桥亭上、池塘边、清泉旁、吊楼内等到处可见对歌、唱歌的欢乐情景。唱歌的形式有独唱、男女对唱、领唱，伴奏的乐器有木叶、唢呐、笛子等，歌曲有纪念祖先逃难的《死里逃生歌》、开发山区的《开山歌》以及《呢那哩》《情歌》等。青年男女通过山歌考察对方的口才和智慧，了解对方家庭等各方面的情况，情投意合者便相约到幽静的地方以歌倾情，互诉衷肠。若真心相爱，姑娘就送一双"细花布草鞋"给小伙子；小伙子则以歌答谢，并回赠一件礼物，订下婚约。苗族中元歌会不仅是重大的娱乐活动，还是物资交流的盛会。远近的群众挑着土特产前往歌会地点，当地的百货店也准备了大批苗族同胞喜欢的围裙、头巾、丝线、银耳环、手镯、头簪等传统商品，丰富了歌会的内容。

　　仫佬族中元节从农历七月初七开始，到农历七月十五结束，前后历时8天。农历七月初七早晨，人们设宴在门外祭祀天地并把祖先"接"回家中，然后连续7天，每餐饭前必先祭祀一番。

到农历七月十四晚人们又大祭一次，并包粽子一起供奉祖先。人们在门前地上钉一颗钉子，意为给祖先拴马或拴船；又立一柱子，上挂斗，意为给祖先遮风挡雨。农历七月十五晨，人们再次设宴并把祖先神灵"送走"。送祖先神灵时，人们要烧一堆纸钱，用芋叶或荷叶把纸灰包扎成两包，用一细棍串成担子状，两头插香，放到河中或十字路口处，意为给祖先送钱粮。现在仪式都简化了。

　　毛南族中元节是迎祖送祖的节日。农历七月初七天刚亮，主家就在大门口插上放竹笠的尖头扁担，"迎接"祖先的归来。家有新亡人，要将带叶的竹枝插在田边角上，表示"分田"给他（她），以示孝心。农历七月十三早上，出嫁女要带鸭、香烛、纸钱回娘家祭祖祈福。农历七月十四早、晚家家户户杀鸭，开怀畅饮。农历七月十五早上，家家户户杀鸭焚纸，燃香祭祖后，将纸钱及香的灰烬用青叶子或竹壳包好，装成小担，送到村头界外或小溪边，"送祖先回去"。

道是无晴却有晴

广西各民族有率真热烈的婚恋传统,一系列传统节日除了能够让人们祈福寄情思外,还为青年男女交往提供了机会,如欢歌如海的"三月三"歌圩、酣畅淋漓的跳坡节、情深意长的元宵节、月圆情满的中秋节……"其俗自幼即习歌,皆倚歌自择婚。"各种交游节日上,青年男女以歌舞为媒,以歌交心,以舞探情,从此相识、相知、相守。

赶一趟三月的歌圩,与壮家儿女甜美的爱情浪漫邂逅;去一遭春日的花坡,见证苗家儿女浓烈奔放的爱情;煮一锅滚烫的元宵,圆圆实实,美美满满;祭一轮晴空的圆月,天涯故里,情思相寄……这些是充满浪漫的节日,这里有追爱的族群,他们自由自在,无拘无束,伴爱而生,拥情而存。

对歌谈情——"三月三"

"三月三",是广西壮、汉、瑶、苗、侗等民族的传统节日,也叫"歌圩""歌会",流行于广西各地,其中以"壮族三月三"为最典型。关于"三月三"节日习俗的来源,民间有很多传说故事,其中流传最广泛的是刘三姐的传说。

传说刘三姐聪明过人,经常用山歌歌颂劳动和爱情,揭露财主们的罪恶,遭到财主们的记恨。某年的农历三月初三,刘三姐在山上砍柴,财主派人砍断了山藤,使她坠崖身亡。后人为了纪念刘三姐,便在她遇难这天聚会唱歌,一唱就是三天三夜,歌圩由此形成。

传统的"壮族三月三"活动的内容主要有祭祖、对歌择偶和文体活动三大类。德保、靖西、大新的群众要在这一天给祖先扫墓,出嫁的女儿要回娘家扫墓。祭祖当天全家前往墓地祭扫,祭毕全族人在坟前会餐,并商讨家族事务,解决家族纠纷。马山、都安、上林、忻城等地的群众从农历三月初三开始祭拜祖坟,到农历三月十五才结束。祭祖时先把五色糯米饭和猪肉、鸡肉、腊肉等祭品摆上坟头,点烛燃香之后,子孙们便动手铲除坟上的

杂草,然后培新土、挂花纸、烧爆竹,依次向祖宗拜三拜,收回祭品。

  壮族有对歌择偶的习俗。传统"三月三"活动最重要的内容,便是对唱山歌,各地都会形成盛大的歌圩。对歌地点通常选择在村子周围的空地或较平缓的山坡上,有的地方还用竹子和布搭成歌棚,用于接待各村的歌手。未婚青年男女是对歌活动的主角,老人孩子也会前来赏歌助兴。歌圩的规模大小不一,小的人数有一两千人,大的可吸引方圆几十里的青年男女前来参加,可达数万人甚至逾十万人。对歌时,男女各自为组,每组有歌师1人,专门负责编歌。若无歌师,歌手亦编亦唱。各地对歌的程序大同小异,一般是先唱"游歌",即青年男女在歌圩场上四处走动观察,即兴唱些与赶歌圩有关的山歌,意在表现自己的歌才以引起对方的注意,初步物色对歌的对象。然后唱"相见歌"(亦称相迎歌),男女双方以歌代言,互通姓名、住地、身世,并互相谦恭赞许。接着唱"求歌"(亦称催请歌、邀请歌),即请求对方对歌。求歌时男方要主动,往往有几组男歌手同时向一组女歌手求歌,各组所唱的音韵不能相同。女组则注意倾听,待求歌者唱了十几首歌之后,开始应和其中一组的调韵答歌,该组便取得与之对歌的资格,其余各组自觉退出,另择对歌的对象。再接着是唱"斗歌",以比试双方智慧与歌才的高低,所问所答的内容涉及面十分广泛,包括天文、地理、历史、国事、家事、生产、生活、人生观等,气氛既热烈又紧张,双方必须对答如流,否则会遭到对方讥笑。如双方对答流畅,便转唱"初交歌"(亦称倾慕歌),

进而再唱"深交歌"（亦称盟誓歌）。初交歌和深交歌专唱情歌，也是双方对答的主题所在。而初交歌是双方第一次在歌圩相会时所唱，表达互相倾慕的情感，用词较为含蓄，但其感情却很投入。深交歌则是双方第二、第三次在歌圩重逢时所唱，表达双方深切的怀念之情，用词直白、情深意切。最后在歌圩即将结束时唱"离别歌"（亦称相送歌），表达青年男女难舍难分的真挚情感，并互赠信物，以此定情。许多青年男女通过对歌活动，找到意中人，结为伴侣。

● 青年男女跳起竹竿舞

"三月三"期间,除了对唱山歌外,还有丰富多彩的传统文娱活动,如抛绣球、跳竹竿舞、抢花炮、打扁担舞、唱师公戏、唱壮戏、唱采茶戏、打铜鼓、碰蛋、爬山、斗鸡、斗鸟、斗狗、要壮拳等。

除用于娱乐活动外,绣球也作为定情信物。"三月三"期间,女青年拿着绣球,群集于歌场,与男青年对歌,歌毕即抛绣球。女子先把绣球抛给自己中意的男子,男子接球后,如果也有意,就会与女子退出歌场,各以礼物交换,缔结"同年",订"白头"之盟。

上林、马山、大新、武鸣等地"三月三"有抢花炮习

● 人们载歌载舞欢度"三月三"

俗。据民间传说，谁抢得花炮，就是天神赐福，来年必有子。因此，凡计划要孩子的人家，总要雇一些大力士抢花炮。抢到花炮的人家会邀请亲友到家里饮酒庆贺，并把花炮安放在祖宗神位前供奉。抢到花炮的人家在来年归还花炮时，还要宰猪、杀鸡鸭来供奉神灵。中华人民共和国成立后，抢花炮发展成为一项民族体育运动。

"三月三"期间，田阳还有爬山活动。这天，姑娘们盛装打扮，带上五色糯米饭、米酒、布鞋、绣花鞋垫等，参加爬山活动。参加爬山比赛获胜的小伙子，被认为是精明、能干、有福气的好青年，受到姑娘的青睐。姑娘如果看上某个小伙子，会主动拿出米酒请他喝，或送上五色糯米饭、布鞋、鞋垫等。小伙子若接过姑娘送的礼物，表明他也心仪这位姑娘。

和唱山歌一样，打铜鼓也是壮族婚娶、乔迁新居和盛大节日必不可少的内容，这一风俗从古代一直沿袭至今。现在红水河流域的壮族、瑶族等民族每年过"三月三"、春节或遇上喜事时都要打铜鼓庆贺。有的地方还有打铜鼓比赛：小伙子们把铜鼓抬到村庄附近的高山顶上，用木架悬挂起来，在击鼓祭祖之后，开始进行打铜鼓比赛。比赛方法是大鼓对大鼓，小鼓对小鼓，以四面铜鼓为一组，每鼓三人，轮流击打，通宵达旦不能中断，以打得响亮动听、节奏明快、耐力持久者为胜。同时，青年男女结伴对歌。一些地区从打铜鼓逐渐演化为跳铜鼓舞。目前流传在壮族地区的铜鼓舞，表演时，将一组（四面）铜鼓挂在竹竿上，由四名小伙子击鼓以伴奏；铜鼓前面置一大皮鼓，由一老鼓手双手持木棒击鼓，边打鼓，边舞蹈，节奏由慢变快，击鼓动作变化多样，通过正面打、抬腿打、转身打、翻身打等，展现灵活敏捷的舞姿。另有两名小伙在一旁配合：一人左肩扛竹筒，右手持竹棍边敲竹筒边舞，另一人拿雨帽为击鼓者扇风，边扇边舞。三人彼此穿插跳跃，配合自然协调，场面热烈欢快。

碰彩蛋是"三月三"歌节中青年男女娱乐交际的又一习俗，意在互相取乐承欢，亦有定情之意。在歌圩中，男青年如果看中了哪位姑娘，便用自己手里的彩蛋去碰姑娘手中的彩蛋，姑娘如果无意则不让碰，如果有意就让小伙子碰手里的彩蛋。彩蛋碰裂后两人共吃彩蛋，爱情的种子就此萌发。如今，碰彩蛋又有了"碰出好运气"的意头。

现在，"三月三"活动的内容更加丰富多彩，体育娱乐活动、商贸活动成为该节日文化的重要组成部分。"三月三"歌圩于2008年入选第二批自治区级非物质文化遗产名录。2014年，"壮族三月三"入选第四批国家级非物质文化遗产名录。同年，广西壮族自治区人民政府决定将"壮族三月三"确定为广西民族传统节日，全体公民放假两天。"三月三"节日活动不仅有山歌对唱、龙狮表演、抛绣球、抢花炮、唱彩调等传统项目，还有芦笙踩堂、侗族大歌等其他民族文化活动的加入，更有电商节、骆越文化旅游节、交响音乐会、民族商品交易会等全新的活动形式。"壮族三月三"如今已发展成为广西的新名片。

赴一场春日邀约——跳坡节

跳坡节是苗族一个历史悠久的传统节日，在整个苗族西部方言区都有着广泛的影响，只不过不同的地方在过节时间和内容上略有差别，也有不同的叫法。跳坡节在贵州黔西南很直观地叫"赶花场"，在云南文山称为"踩花山"，从"花"字就能看出来这是一场春天的盛会；而在广西隆林各族自治县，人们称之为"跳坡"，一个"跳"字更直接彰显了这个节日盛会的内容之丰富、氛围之热烈。隆林因地处桂滇黔接合部，成为这一区域苗族风情的集大成之地，特别是位于金钟山麓的德峨镇，花一样的民族、蜜一样的情歌、云霞般绚丽的服饰，让这里的跳坡节成为桂滇黔三地苗族的盛大坡会。每年跳坡节期间，隆林的近千个苗寨的苗族群众全部出动，人们身着各式节日盛装从四面八方赶来参加德峨跳坡节。参加坡会的既有广西隆林的苗族群众，也有云南、贵州的苗族群众，还有各地云集而来的游客，参加人数甚至超过十万，真是名副其实的节日盛会。

在苗语里，跳坡节的意思就是在春暖花开的季节里，踏着初春的青草，绕着开满花的山坡玩乐，共同踏青赏春。每年农历正月初二到正月十四是隆林苗族跳坡节，人们按照约定俗成的坡场顺序，在各个村寨逐个跳坡，参与人数从几千人到上万人不等。跳坡节期间，坡场是一片歌舞的海洋，只见人们吹着芦笙、口琴，弹着月琴，载歌载舞。笙歌嘹亮，琴声悠扬，木叶声阵阵，苗族姑娘们穿着各自支系的节日盛装在春日暖阳下把坡场点缀成姹紫嫣红的花坡、百花盛开的花山，场面绚丽壮观。

坡会活动繁多，坡会本身分为喊坡、赶坡、闹坡、射坡、跳月亮五大环节。喊坡是在坡会的前一天，由主办坡会的村寨推选出的"坡父"和"坡母"到坡场上去巡游喊话，邀请大家第二天去"跳坡"。德峨坡场的喊坡调很悠扬："太阳出来照山坡，锦鸡报晓已出窝。今天是个好日子，我来主办初九坡。阿叔阿婶、阿妹阿哥，快快来啰！快快来闹德峨坡！"

坡会当天早上天刚亮，各个村寨的苗族姑娘和小伙子们就梳洗打扮好，身着节日盛装，戴上各种银饰，挎着背包，带着芦笙、月琴、口弦、缺口箫等乐器，相邀赶赴坡场，一路笙歌不断，情意连绵，是为赶坡。

闹坡是整个跳坡节最隆重的活动，会举行多种多样的文体活动，如爬坡杆、跳芦笙、弹月琴、"滚地龙"、摔跤、打陀螺、斗牛和对山歌等。在坡场上，小伙子们要施展才艺以赢得姑娘们的芳心；姑娘们则身着各种带有繁复挑花刺绣的盛装，以此吸引小伙子们的注意，那是她们心灵手巧、聪明勤勉的象征。整个闹坡过程充满欢声笑语，热闹喜庆。

在闹坡期间展示过才艺的小伙子如果相中意中人，会大方地

● 坡场上身着盛装的苗族少女

走过去扯走她的头巾。若对方也有意就会紧随小伙子在坡场上追逐，小伙子舞动着抢来的头巾跑跑停停，惹得姑娘又笑又嗔，全场欢声雷动。当然了，若是姑娘芳心不动，只需站着不理，过一会儿小伙子会让小伙伴把头巾恭敬奉还。这一过程就是射坡。

跳月亮要等到夜幕降临再进行。坡场上相互中意的姑娘和小伙子，成双成对伴月吹笙、邀星听琴、吹木叶对情歌，直至拂晓。情到浓时姑娘和小伙子还会比腰带订终身之约：小伙子打开头上包缠的头巾与姑娘的腰带比长短，如果长度相等就说明两人是天生的一对。不少苗族青年在坡会上找到知己，进而携手一生。

● 坡场上弹唱月琴的苗族姑娘

跳坡节当天，坡顶矗立起一根高约 30 米的坡杆。寨老捧着玉米酒，绕坡杆祭祀天地神灵后，唱敬酒歌向八方宾朋敬酒，然后点燃鞭炮。活动正式开始，顿时歌声四起，各个村寨的姑娘排成长队，手拉着手唱着山歌，沿着蜿蜒曲折的坡场小路走来。站在山坡上望去，姑娘们排成的长队仿佛一条条彩带，慢慢将坡场围满。隆林苗族 6 个支系的女款服饰和头饰各具特色，而且还有已婚与未婚之分，每一款服饰都精美艳丽，让人眼花缭乱。坡会是苗族各个支系各个村寨展示自我的舞台，姑娘们穿着新衣，唱着山歌，这边唱来那边和，那场面真如置身百花丛中，周围萦绕

● 坡会上对歌的苗族姑娘

● 苗族爬坡杆

着鸟语花香一般,让人备受感染而欣喜开怀。

中午时分,活动渐入高潮,坡会上最紧张刺激的爬坡杆竞技要开始了。在古代,苗族聚会议事时会选派一些年轻力壮的青年爬到大树顶端放哨。如遇敌情,青年会立即滑下树干将险情告知族人。担任这一任务的人,一般都被人们尊为"英雄"。这一习俗沿袭至今,就演变成了跳坡节最重要的活动——爬坡杆。

爬坡杆的大多是未婚的小伙子,爬坡杆时躯干不能碰到杆子,只能弓着身子,手脚攀踩而上。约30米高的坡杆非常光滑,所以爬坡杆既要技术也要胆量。爬坡杆是难不倒苗家小伙子的,小伙子们一口气爬到了杆头,双脚稳稳地扣住杆体,停在杆体的顶端,一只胳膊钩住杆体,腾出另一只手摘下在杆头挂着的酒壶和腊肉,喝一口酒,然后真正的绝技比拼才刚开始。普通的小伙子是手脚抱杆顺滑而下;出色的小伙子是双脚扣住杆体,张开双臂挺直身子顺杆滑下或俯滑到地面;技艺超群的小伙子是翻身倒头又后仰,展开双臂,双脚反钩杆体,背对地面如雄鹰展翅般快速轻盈下滑,待离地面1米多高时才反身抱住杆体,跃身立地站稳,整个过程往往惹得观众惊呼赞叹。能展现这招俗称"金钩倒挂落"绝技的小伙子,一般就是整场的"坡杆王"了,也是所有在场群众,尤其是姑娘们心目中的英雄好汉。

爬坡杆之后,同样精彩的还有"滚地龙"。所谓"滚地龙",是在坡杆四周将若干酒碗按相隔1米的距离围绕坡杆摆成圆圈,芦笙手跪地下板腰,以头顶地,以躯干为轴心,双手捧着芦笙一边吹奏一边翻转身体以越过地上的酒碗,做到笙曲不断、酒碗不碰，绕着坡杆翻完一圈回到原地为止。技艺高超的芦笙手会一气呵成地翻好几圈，让人叹为观止。要完成这些高难度的技巧，没有过硬的本领和非凡的勇气是绝对做不到的，因此能表演"滚地龙"的芦笙手也是坡场上受人尊崇的英雄。能顺利闯过这几关的人在苗语里被称为"阿卡又"，意为"最有本事的人"或"了不起的英雄"。能获得"阿卡又"殊荣的人会受到所有族人的尊重与爱戴。

芦笙手们吹响的笙曲整齐嘹亮地在山谷中回荡，在悠扬的笙曲中，姑娘和小伙子们唱着歌，跳起欢快的舞蹈，来自四面八方的宾客不断地加入舞蹈表演之中，围着坡杆一圈又一圈，很快整个坡场变成了歌舞的海洋。苗族女孩的裙裾飘然，阳光映红了她们的笑脸，就像天上朵朵飘动的绚丽彩云。

观灯"偷青"闹元宵——元宵节

农历正月十五是元宵节。元宵节又称为"上元节""灯节""元夕",是我国的重要传统节日之一。农历正月十五是一年当中的第一个月圆之夜,也是一元复始、大地回春的夜晚,这一天意味着春天的到来,人们吃元宵、赏灯、猜灯谜进行庆祝,所以称农历正月十五为元宵节。元宵节于2008年6月被列入第二批国家级非物质文化遗产名录。

元宵节的形成是一个长期的过程,其发端可追溯至秦代,至西汉时期已广泛流传。汉文帝时,农历正月十五被正式定为元宵节。司马迁的《太初历》便将元宵节列为重大节日,隋、唐、宋代以来元宵节更是盛极一时,尤其是唐宋时期,元宵节灯会发展为盛况空前的灯市,活动更为民间化,民族特色更强。时至今日,元宵节仍然是我国民间一个重要的传统节日。

元宵节的来源众说纷纭,较为普遍的说法是:相传汉武帝时有个大臣叫东方朔,一天,他在御花园里碰见一个名叫元宵的宫女想投井自杀,连忙阻止,并问明原因。原来,元宵自进宫后,再没有见过父母亲人,想到不能在双亲膝下尽孝,她便万念俱灰,想要一死了之。东方朔同情元宵，决定帮她实现与父母相见的愿望。他对汉武帝说，农历正月十五这一天火神君要烧长安城，考虑到火神君喜欢吃汤圆，而宫女元宵经常给汉武帝做汤圆，因此可以让元宵在农历正月十五这天晚上做汤圆，请汉武帝焚香上供，同时传令全城百姓都做汤圆，一起供奉火神君，并在当天晚上挂灯，让老百姓进城观灯，全城点燃鞭炮、烟火，让火神君误以为长安城当天已满城大火。汉武帝照着东方朔的话去做。农历正月十五这一天晚上，元宵的父母进城观灯，元宵和父母终于得以相见。如此热闹一夜，长安城果然平安无事。于是，汉武帝便下令以后每逢农历正月十五都要做汤圆供奉火神君，当晚全城挂灯、放烟火。因为元宵做的汤圆最好，人们就把汤圆叫作元宵，这天就叫作元宵节。

元宵节的一大特色是吃元宵。元宵，南北叫法不同，北方叫"元宵""圆子"，南方叫"汤圆""水圆"。元宵的形状圆圆的，馅多为甜味，用糯米粉包裹而成，因此，吃元宵寓意团团圆圆、甜甜蜜蜜。元宵馅料多种多样，甜咸都有，甜的有桂花白糖、玫瑰白糖、什锦、豆沙、芝麻、花生、核桃仁、果仁、枣泥等，咸的有猪肉、芥菜、蒜米、韭菜等，更有中西结合的特色元宵，如巧克力馅、水果馅的元宵等，可以油炸，也可汤食或蒸食。

灯会是元宵节的主要活动之一。民间有"三十晚的火，十五夜的灯"的俗语。广西的灯会盛行于清代和民国年间。1950年前，桂林、梧州、桂平、钦州等地的灯会最为热闹，其中最为壮观的是桂林的"龙灯游"。1950年后，广西的灯会以赏灯娱乐为主，娱神成分大为减少。农村花灯古朴典雅，城市花灯则以创新精巧

● 舞龙和扎龙灯、龙塔是人们在元宵节祈求风调雨顺、人丁兴旺、平安吉祥的重要仪式

见长。由于过了农历正月十五,春节即告结束,各种文娱、体育活动也已停止,因而元宵节在广西又被称为"散节"。这一天,家家户户杀鸡、宰鸭、吃元宵,宗族祠堂或社坛则要设灯楼。头年添丁之家,要为灯节捐款,并请一盏叫"人丁灯"的花灯,用来祭拜祖宗,祝福孩子健康、平安。农历正月初一至十五期间是挂灯的日子,请花灯的人家,先在自家的厅堂祭拜祖宗,燃放鞭炮后举烛张灯,将花灯送到灯楼供人观赏。灯楼的花灯形状各异,花样繁多,有方形灯、菱形灯、圆形灯,还有惹人喜爱的各种动物、花草及人物造型灯,千姿百态,五彩缤纷。元宵之夜,城乡通宵灯火辉煌,男女老幼都要观赏花灯,这一活动俗称"元宵灯会"。元宵节当天,除了可以观赏花灯之外,还可以观看舞龙舞狮和其他文艺演出,花灯、烟火交织,景象壮观,气氛热烈。东兰汉族还于元宵节天黑时点一对蜡烛,等蜡烛燃完后,马上点一盏柴油灯,使它亮个通宵,以求吉利。

有的地方在元宵之夜有"偷青"的习俗。青年男女在当夜悄悄地潜入别人家的菜地偷摘青菜或葱蒜作为彩头,寓意尽快找到意中人。菜地的主人或他人看见了,只是会心一笑,不会制止也不会责怪。

广西各少数民族在汉族的影响下也形成了过元宵节的习俗。元宵节期间,壮族人杀鸡煮肉,盛祭祖先和诸神祇,祈求家人平安、人寿年丰,其间还举行对唱山歌、抛绣球、舞春牛、演壮戏等独具民族特色的文娱活动。京族元宵节也称"过小年",京族人备"三牲"(鸡、猪肉、鱼)拜祖后便正式投入渔业、农业生产,因而京族民间俗语云:"正月十五吃完粽就做工。"春节宣告结束。

月圆人团圆——中秋节

农历八月十五是中国民间传统的中秋佳节。农历八月正处秋季之中间,而农历八月十五处于农历八月的中旬,因此称之为"中秋",亦称"仲秋"。中秋节因嫦娥奔月的传说和古代祭祀礼制而得名。在远古时期,人们将月亮视为善良的月神,认为她能降福于人间,故对月神非常崇敬。先秦时期,民间传说月宫女神嫦娥可以使中秋之夜的月亮变得最圆润、最美丽、最明亮,因而从那时起,上至帝王将相,下至黎民百姓都有祭月、拜月的习俗。魏晋时期,人们开始将农历八月十五定为祭月之日。唐宋以后,中秋节广泛盛行于民间。每年中秋月圆之夜,当"皓魄当空宝镜升""平分秋色一轮满"之时,人们赏月、祭月、饮桂花酒、尝月饼,借此表达对故乡和亲人的思念,祈求生活美满团圆。

在广西民间,中秋节是团圆佳日,人们常认为中秋之月最圆最美。当中秋到来之时,远在异乡的游子会尽可能地返回故乡与家人团聚,共赏圆润如玉的明月,共沐洁白柔和的月光;而对那些无法归乡与家人团圆的游子,家人会给其寄去一些月饼,以表思念之情。

中秋之夜，广西各个民族都有祭月的传统。"祭月"又称"拜月"。当明月高悬之时，人们便于庭院摆上供桌，奉上供品，摆出瓜果和月饼。全家人围坐在一起，由妇女焚香祭月，祈神许愿。祭月之事仅由妇女完成，传统习俗认为，女属阴、男属阳，而月为阴、日为阳，故民间有"女拜月、男祭灶"之说。传说月宫中的嫦娥和玉兔吃素，故供品都是月饼、瓜果和花生等素食。在平果市海城乡等地，人们祭月时，桌上必供11个糍粑。相传远古时期，天上有11个月亮，后来有10个被射落，剩下的一个躲了起来，只在每年农历八月十五才完整露面。在来宾、贵港、邕宁、河池、靖西、田林、凌云等地，人们祭月时要在柚子或南瓜上插上几十支点燃的香，用一根竹竿将其竖于屋前，俗称"烧天香"。在马山、上林一带，曾有"水上祭月"的习俗，即在河中或塘边搭一座竹排房，设桌铺席，祭月过夜。桂平市紫荆镇的瑶族群众称中秋节为"望月节"，人们认为谁最先见到月亮出来谁最为吉祥，因此会守候月亮出来。而毛南族群众在明月升起时会将供桌抬到凉台上，点燃三炷香并插到柚子上，再把柚子插到一根二三米长的竹竿或木杆上，让柚子和香正对着月亮。这种祭月方式，毛南语称"乒年"，有"射月亮"的意思。

每逢中秋，人们必尝月饼。月饼多为圆形，人们于中秋品尝月饼，乃是取完美无缺之意。在乡村，人们赏月时亦有食用带皮壳食物之习俗，最为常见的带皮壳食物有芋头、柚子、花生、板栗、瓜子、毛豆、核桃等。这种饮食风俗，靖西地区称为"脱灾食"，寓意去皮弃壳、脱灾驱祸和除百病。在汉族地区，人们除品尝月饼外，还吃糖果、水果等食品。仫佬族人在中秋节当天包桐叶糍过节，以感念祖先开辟仫佬山乡美丽家园的功德以及社王帮助仫佬族人建立家园的恩情。京族人在中秋节当天吃糖饭、糯米糖粥、薯粉粑等。水族人在中秋节当天吃粑粑。侗族青年男女在中秋节当天往往打油茶、吃南瓜。

中秋时节，人们会举办丰富多彩的娱乐活动，如"玩花灯""中秋歌会""中秋游园"等。"玩花灯"主要是孩童的活动，花灯既有用柚子做的，也有用竹片和纸做的。用柚子做的花灯，又称果灯，其制作方法是将柚子的果肉挖出来，在柚子皮上面雕镂各种图案，在已挖空的柚子中间点上蜡烛。花灯做成后，孩童或提于手中到处玩耍，或将其放到池塘或小河中，任其顺水漂流，

● 中秋节大型花灯展上造型别致的花灯

于是整个江面星星点点,非常好看。"中秋歌会"主要流行于少数民族地区,其中以壮族的"中秋歌圩"、苗族和侗族的"中秋芦笙会"、仫佬族的"中秋走坡"和京族的"中秋唱哈"最具特色。"中秋游园"活动主要盛行于城镇。每逢中秋月明之夜,桂平西山、阳朔月亮山、武鸣灵水、柳州鱼峰山等地,常游人如织,人们或赏月,或登高,或泛舟,或载歌载舞,深夜方归。

"中秋交友"之俗多盛行于村寨。龙胜、天等、东兰、凭祥等地的壮族青年男女,罗城的仫佬族青年男女,每逢中秋佳节都会赠礼求偶。男青年给姑娘送上几斤月饼和一些布料,姑娘若有意,则于当年农历九月初九回赠一双布鞋和一块布料。龙胜等地壮族有男青年走寨尝糯米糕的习俗。中秋之夜,姑娘们相约集体制作米糕。她们将米糕分三等:上等多放糖,味极甜;中等只放少许糖,味稍甜;下等不放糖,味淡。当晚,男青年相约串寨,姑娘们会选择性地分赠米糕,在他们之中选择各自意中人。尝到甜蜜米糕者心中大喜,尝到微甜米糕者心中尚存希望,尝到味淡米糕者心中多有遗憾。柳城等地的壮、汉民族在中秋时节有结拜兄弟姐妹的习俗,俗称"结同年"。其时,同一村寨或几个村寨的青年男女分别聚会,互相结拜,男子称"十兄弟"或"兄弟会",女子称"十姐妹"或"姐妹会",少则十几人,多则数十人。"结同年"以年龄为序互称兄弟或姐妹,每年中秋聚会一次,共叙友情。在日常生活中,"兄弟会""姐妹会"互相帮助。

广西盛行"偷秋"之俗。偷秋亦称"摸秋",壮、汉、瑶、苗、侗等民族多有此俗。中秋之夜,壮族孩童头戴柚子皮,装扮成"高公"或"矮婆",可到别家庭院拿些摆在供桌上的月饼、瓜果等祭品,不算违禁。全州等地汉族已婚女子未生育前,其妯娌于中秋深夜潜入他人园中,偷取一只南瓜,并用小孩衣裙包裹,置于女子床前,俗称"送子",意指早得贵子。龙胜等地壮、瑶、苗、侗等民族的青年及小孩于中秋之夜至他人田园,摘些柚子、玉米、瓜菜,或随取随吃,或聚集共尝。"偷秋"者并非真的偷盗。在壮族、侗族地区,被偷者对"偷秋"者多乐而不骂;在瑶族、苗族地区,"偷秋"者认为被主人叫骂才吉利,故主人虽不介意,但需故作姿态,高声叫骂,然不用污言秽语。

在过去,广西民间亦有中秋"请月姑"和"神游阴间"之俗。梧州一带将"请月姑"称为"降纱笼姑",靖西、德保等地称为"怀娘月",罗城仫佬族称为"降仙姬",龙胜等地瑶、侗民族称为"接仙姑"。此为妇女请月神下凡的游戏,方式不拘,常以三五人或十多人为组,其中一人扮月姑,席地而坐,其他人围坐四周,唱和"月姑调"歌谣,往往通宵不眠。当扮月姑的姑娘唱"人间好风光"时,众人便认为月姑已请来了。众人与月姑对歌,问答四季农活、风景名胜、历史名人等,有的甚至还借月姑做媒介,谈情说爱。在德保县,人们认为住在月宫里的是月哥,因此,农历八月十五是请月哥下凡对歌的日子。在百色市田阳区,民间传说嫦娥有七个女儿,中秋节时可请一对下凡唱歌,俗称召月娘。毛南族称这种活动为"野敬",活动在农历八月十四、十五、十六三个晚上举行。仫佬族将这种活动称为"夜禁",大多在溪边举行,活动方式与壮族的相似。

爆竹声中一岁除

百节年为首,在各民族丰富多彩的节日中,最为隆重、最为热闹、最富有特色的,就是过年,这是各民族一年中最盛大的节日。但由于各民族所居住的地域不同、生态环境不同、生产生活方式不同,传统文化和历史经历也有所差异,因此,各民族过年的时间、习俗有相同,也有不同。春节,既是汉族的节日,也是壮、瑶、苗、侗、毛南、京、水、仫佬等少数民族的重要节日;苗年,是苗族最为隆重的节日,相当于春节;卯节,是水族的年节。

但无论时间、形式、内容有何不同,所有民族的年节都是一样的:血脉宗亲齐聚一堂,声声爆竹迎佳节,句句乡音暖人心。人们或载歌载舞,或把酒言欢,或踏青寻春,或酬谢祖恩,一切程式都源于对生命的敬重、对生活的持守。

感恩密洛陀——达努节

达努节是马山、都安、巴马、平果、隆安等地布努瑶（我国瑶族支系之一）的传统节日，又名二九节、祖娘节、祝著节。"布努"意为老慈母，传说农历五月二十九是布努瑶始母密洛陀的生日，为了表达对始母深深的崇敬之意，定该日为祝寿日。该节日是布努瑶在一年当中最为盛大、最为隆重的节日，故也称为"过瑶年"。

关于达努节的由来，有一个美丽动人的传说。相传在远古时期，有两座同样高大的山耸立在迤逦的群山中，左边是威武雄壮的仿若勇士挺立的"布洛西"山，右边的则是高挑隽秀的仿若拖着长裙的"密洛陀"山，这两座山竭尽所能地每年都要互相靠近一些，经过了999年的努力终于挨到了一起。农历五月二十九这一天，随着一声惊天动地的霹雳，高大英俊的布洛西和亭亭玉立的密洛陀从两山裂缝中走出来。这对守望多年的恋人终于结为夫妻，并育有3个女儿。时光如梭，3个女儿长大成人，母亲密洛陀谨遵夫嘱，让3个女儿各自去谋生。大女儿扛着犁耙到平原辛勤耕耘，生儿育女，繁衍成汉族；二女儿则挑起一担书离开了家，其子孙为壮族；三女儿扛起锄头、背着小米到山里开荒种地，安

居乐业，成为瑶族祖先。三女儿辛勤劳作，庄稼结出累累籽粒，谁知天有不测风云，这些庄稼被鸟兽、地鼠分食殆尽。密洛陀在三女儿痛苦不堪时鼓励她："天空难免出现乌云，生活也会遭受挫折，狂风吹不倒劲松，困难吓不倒勤劳的人，只要勤奋耕耘，生活是会幸福的。"在母亲的劝解下，三女儿重新燃起了斗志，她在来年庄稼长势喜人之际，敲响母亲给予她的一面铜鼓，惊走鸟兽，并放出了母亲赠予她的猫，一下子就消灭了猖狂的地鼠，保住了来之不易的丰收成果。为报母亲的恩情，三女儿带着丰盛的礼物于农历五月二十九为母亲祝寿并共庆丰收。从此，布努瑶就将始母生日作为庆丰收的节日，以此铭记始母密洛陀绵延子嗣、启发后人的如山恩情。

达努节这一天，布努瑶家家户户杀猪宰羊，宴请宾客的同时，还举行跳铜鼓舞、斗画眉、赛弓箭、赛马等文娱活动。达努节最重要的活动是打铜鼓、跳铜鼓舞。铜鼓表演需要 5 人出场，两人打铜鼓，一人打铜锣，一人敲皮鼓，一人舞竹帽。锣声先响，接着铜鼓、皮鼓有节奏地敲响，表演者用不同的方法表现耕作、狩猎等与自然搏斗的场景，其动作粗犷有力，舞姿优美大方，鼓点铿锵，舞姿纯朴，风格粗犷彪悍。舞竹帽者，不时做出幽默滑稽的动作，逗得观众捧腹大笑。表演者配合默契和谐，在劳动中演练出的舞步，清新刚健，不时博得观众的喝彩。入夜，灯笼、火把蜿蜒在山道上，像一条火龙向聚集点游去，人们跳起了独具特色的"兴郎铁玖舞"，包括猴鼓舞、藤拐舞、猎兽舞、开山舞、南瓜舞、采茶舞、丰收舞、牛角舞、芦笙舞、花伞舞等。舞罢，

● 达努节上打铜鼓

大家开心地去唱歌：青年们对起歌来，他们喜欢唱情意绵绵的趣话歌，有的青年男女因对歌而订下了白头之盟；老年人则集体唱起了密洛陀颂歌，你问我答，歌词内容充满了对密洛陀的敬意。

布努瑶好养鸟、玩鸟、斗鸟，所以斗鸟也是达努节的一项很有特色的节日活动。布努瑶养的斗鸟有画眉、八哥、雉鸡、锦鸡、竹鸡等。因画眉鸟体形漂亮，且叫声动听、羽毛艳丽，素有"鸟中美女""音乐神鸟"之称，故布努瑶最喜欢养画眉鸟，形成"家家挂鸟笼，户户养画眉"的景象。进入布努瑶群众的家里，一般都能看到"画眉高歌唱，人来鸟不惊"的温馨和谐景象。布努瑶

斗鸟多以画眉鸟为主，亦称"斗画眉鸟"。斗鸟一般有两种形式：一种是"隔笼斗"，另一种是"合笼斗"。在举行斗鸟活动时，围观者不能高声喧哗，要屏息凝视，文明观战，以免惊扰到斗鸟，影响到赛事。得胜的鸟很受欢迎，围观者纷纷讲价争购。

射弩比赛是达努节上一个重要的竞技项目。早在宋代时，布努瑶就靠弩来谋生、狩猎、防盗，后来还将弩广泛运用于征战，因此，布努瑶都善于操弓搭弩，善于射箭。弩，既是布努瑶群众用作狩猎的生产工具，也是布努瑶群众用于征战御敌的武器。弩具一般用深山老林内最具刚性和韧性的木、竹制作，由弩臂、弩弓、弓弦和弩机等部分组成，手工精细，构造简单，形似扁担，分大、中、小型等3种，适合不同的年龄者使用，具有射击精度高、杀伤力大等特点。达努节这天，小伙子们精神抖擞地挎弓持箭上场。布努瑶的弓箭由竹木制成，弓巢是红青枫木，弓张是密西木，弓绳是麻线棕榈丝，箭条是老楠竹条。靶立于四五十米外。围观者中注意力最集中的是姑娘，哪个小伙子箭法好，就容易得到姑娘的爱情信物——缝绣有鸡眼、鸟眼的头巾。射弩现如今已发展成为一项少数民族传统体育竞技项目。

赛马也是达努节的活动之一。马是布努瑶人家的传家宝。由于布努瑶过去居住在深山老林中，交通不便，因而，马就成了布努瑶日常驮运货物的运输工具。随着交通运输业的发展，马渐渐被取代，但布努瑶养马的传统传承了下来，赛马成了达努节的传统体育竞技项目。布努瑶选马有其标准：头高、眼灵、腿粗、身短。达努节的赛马活动是最紧张、激烈的。达努节赛马，比赛场地不是在平地大路,而是在崎岖不平、坎坎坷坷的山路。骑手骑马时不许置配马鞍,这对骑手的技术要求很高。每当骑手以高超的骑术化险为夷的时候,都会感恩密洛陀的庇佑。最先到达终点的骑手,往往会得到姑娘们赠予的骑手彩巾。

经过历史变迁和时代塑造,达努节从原来偏重民间祭祀的节日演变为一个综合性的节日,既保留了传统祭祖求平安的程式,又融入了体现凝聚向心力、共享丰收喜悦等新的节日程式,体现了布努瑶群众对幸福生活的憧憬、对美的向往和追求。

唱着山歌打同年——苗年

苗年主要来源于苗族的传统历法,各地习惯不同;苗年的时间没有统一规定,但都是在收谷子进仓以后,"岁首以冬三月,各尚其一"。有的村寨以农历十一月第一个丑日或卯日为年;有的村寨以农历腊月初一为年,如遇闰年则以农历第十二个月的初一为年。各地过苗年持续时间也不尽相同,有的村寨持续5天或9天,有的村寨持续13天,总之要取单数。广西融水苗族以农历腊月为岁首,即农历十一月三十为除夕,农历腊月初一为苗族新年。

苗族人民的苗年活动非常丰富,有杀年猪、祭祖先、打同年、赶坡会、芦笙踩堂、斗马、火塘坐妹、打油茶、接送亲、送年饭等一系列独具苗族风情的民俗活动。

在融水苗族人民心里,不杀猪不算过年,因此,家家户户过苗年都要杀猪。一般从年头就买来黑毛猪的小猪仔,每天割猪草喂养,养足一年,猪膘肥肉厚。这时要挑选一个好日子来杀猪,一般会选择丑(牛)日或午(马)日杀猪,酉(鸡)日和卯(兔)日亦可,但一定会避开亥(猪)日。据说挑了好日子杀年猪,来年养的猪会更肥更壮。杀猪时邻里间或亲戚间互相帮忙,掌刀的都是行家里手,一把刀游刃有余地把猪肉按"拜年肉"、"送客肉"、腊肉、辣椒肉、辣椒骨等类别分成大小不等的肉块。分好了猪肉,当天就要做"年猪饭"了。一个寨子里,各家一般会错开日子杀年猪,今天我家杀年猪,你到我家来吃饭,明天你家杀年猪,我到你家去喝酒。这样下来,年末的半个月里全寨人的生活都被安排得满满当当的,几乎每天都有"年猪饭"吃,有时轮不开,有的人家一天还得赶场赴几家的年猪宴呢。苗族"年猪饭"以猪血肠、猪活血、盐水白切猪肝、酸菜拌大块肥肉、小炒肉、葱花炒粉肠、青蒜炒下水为主菜,再搭配一锅菜豆腐、几碟辣椒蘸水,原汁原味,味道鲜美。五花肉是苗族"年猪饭"的精髓,黑毛猪为原生态喂养且养殖时间够长,所以它的五花肉层次分明,肥肉晶莹剔透、饱满如膏,瘦肉细腻弹牙。红红的辣椒热油淋在五花肉上去嗞嗞作响,拌一拌,那香辣味与肉香味恣意释放,真是让人食欲大振。

吃"年猪饭"必喝酒。喝酒的人按照辈分排列,不分男女,先老后少,轮流敬酒。苗族把这个传统叫作"开节酒"。俗话说:"有酒必有歌,无酒不成年。"若有客人,苗族姑娘会一边唱敬酒歌一边捧上一碗香醇的糯米酒。如遇推辞,苗族姑娘会再唱一首敬酒歌,几个姑娘过来一起扯住客人的耳朵,稳住其脑袋,两碗重叠用"高山流水"之法给客人喂酒,引得一阵欢呼。客人如果喝酒豪爽,大家就共同举碗,大喊三声"呀——呼",在欢呼声中一饮而尽。

酒过三巡,苗族阿妈会端上一锅油茶让大家解解酒。这油茶

是苗家人生活中不可或缺的美味,打油茶是融水苗族主妇的必备技能。打油茶看似简单,其实是很考究功夫的。首先,要把火塘里的柴火烧旺,把锅烧热后放入少量的茶油。其次,将洗干净的茶叶和生姜片倒入锅中,用茶槌反复捶打和按压,使茶叶里的汁液完全渗出。最后,待茶叶炒到略微焦黄的时候加入开水煮沸,用茶隔滤掉茶渣,油茶就打好了。在碗里放入事先炒制好的糯米、花生、炸黄豆、葱花、盐等佐料,舀上茶水,一碗热气腾腾的油茶就做好了。喝了油茶让人浑身暖洋洋的,一般人一下子就能喝好几碗。不过在融水喝油茶讲究一次不能超过3碗,俗称"茶三酒四",要想再喝几碗,那不妨先干几碗糯米酒吧。

到了农历腊月初一新年第一天,苗年最热闹的活动芦笙踩堂开始了,村村寨寨笙歌伴舞,热闹非凡。踩堂时,小伙子们先在芦笙堂吹起芦笙,然后姑娘们围成圆圈,伴着音乐翩翩起舞,姑娘们头上精致的银饰叮当作响,绣满花纹的衣裙随舞摇曳。在比较大的村寨里,甚至会有上百支芦笙齐鸣,雄壮洪亮的乐声能飘到十几千米之外。一时间,鞭炮声、芦笙声不绝于耳,整个村寨充满着热烈的节日氛围。

苗年最有意思的芦笙踩堂,要属打同年时的芦笙踩堂了。"打同年"在融水当地俗称"打老庚",意为交朋友、结兄弟、走亲戚,是苗族村寨之间的拜年联欢活动。村寨间由一方向对方发出邀请,也就是"请同年"。请同年可在选定打同年的村寨后专程去邀请,也可以在坡会或芦笙比赛等场合邀请。若直接到对方村寨邀请,要派2～4位芦笙手,拿着一大串鞭炮和一张大红纸,前往要邀请的村寨的芦笙坪，边唱边跳邀请舞。若在坡会、芦笙比赛等场合邀请，主寨芦笙队会围住要邀请的村寨的芦笙队，边吹芦笙边跳邀请舞。

受邀的村寨在双方约定的时间里，会组织一支打同年的队伍前往主寨赴约。这支打同年队伍由每家派出代表组成，人数少则几十人，多则可达两三百人。他们出发前先吹奏三曲芦笙合调，告别本村寨，而后由寨老带队，大家穿着节日盛装，带着芦笙，敲锣打鼓，到主寨拜年。来到主寨门外，客寨要以三曲笙歌告知主寨，主寨早已做好准备，吹起芦笙还礼，主寨的歌手往往还唱起拦路歌，客寨要用歌声作答，这叫"拦同年"。一番妙趣横生的对歌过后，主寨的姑娘们端起酒杯——"敬同年"，迎客进寨门，大家再次吹起芦笙，欢欢喜喜进寨来，宾主一同聚集到芦笙坪，双方各自围圈吹芦笙，载歌载舞。很快两个圈变成一个圈，大家聚在一起和鸣，姑娘小伙和着悦耳的芦笙曲手拉手跳起舞。跳舞的时候，如果有小伙子踩了姑娘的脚，那可不一定是无意之失，很可能表示小伙子对那个姑娘有好感，晚饭以后小伙子就会去那个姑娘家串门聊天，看看姑娘是否中意自己，这就是苗家的"坐妹"了。

打同年最重要的内容是吃饭、喝酒、叙友情。苗族的酒，盛的是满满的情感。客人一进门，苗族同胞就会敬上一碗糯米酒，还唱起敬酒歌。此酒是自酿的糯米酒，以当地特产高山糯米酿造而成，加入了野蜂蜜，入口柔和、甘甜、香醇。宴席上，有一道独具特色的菜，叫牛瘪汤。牛瘪汤，也叫"百草汤"，是把牛胃

里面还没有消化的青草取出过滤后加入各种配料和牛肉、牛杂一起煮成,具有健胃、祛热和助消化的功效,被苗族人民视为待客上品,吃起来味道清凉、鲜美清香,让人顿时神清气爽。在苗族群众的家里,客人能喝上牛瘪汤,那是得到了最佳的款待。

客寨到主寨的第二天举行打同年仪式。由主寨的寨老拉着一头牛——牛身披着红毯、角糊红纸——走过芦笙坪,大家围着芦笙坪载歌载舞,祝愿两个村寨的友谊长长久久。一番仪式后,主寨的寨老将牛牵出芦笙坪并宰杀,牛肉分至各家以款待客人。当夜,主寨在芦笙坪摆起长桌宴。席间,双

● 苗年芦笙踩堂

● 苗族群众出发打同年

方竞唱敬酒歌,你唱我还,我唱你还,把打同年推向高潮。

　　打同年一般持续3天。长桌宴后第二天,客人要回去了,这时,主寨便举行送同年仪式,给每一个客人送一个饭包,同时把举行打同年仪式时宰杀的牛的牛头送给客寨,最后又是以一番芦笙踩堂作为隆重的欢送仪式。

　　融水苗年走亲访友的芦笙踩堂,一派欢腾,让人不由得想起陶渊明的《桃花源记》,"见渔人……便要还家,设酒杀鸡作食",而后在桃花源里"停数日"才"辞去"。这融水苗族的打同年,情深意切,让人不禁感叹:大苗山就是桃花源!

● 水族姑娘在置备卯节做菜用的辣子

繁复与考究。水族姑娘们把新收的高山糯米泡在水里，隔天泡好以后，用甑子蒸熟并均匀搅拌，静置放凉后在饭里放入祖传的酒饼，将其放到缸里并置于火塘边一个星期，发酵成酒，然后过滤滴取酒液，最后把酒倒进坛子里，放在火上用小火慢慢煨开。这个煨酒的功夫可是一绝：火大了酒花开溅，酒香就淡了；火小了温吞吞的，酒就缺了温顺的口感；火更不能断了，否则就废了一坛好酒。小火咕嘟咕嘟把酒充分煨开以后，将酒放凉，用粽叶封上坛口，再用搅拌好的黄泥和草木灰糊在粽叶外边，使坛口密闭，最后把坛子放到地窖里去存放。这煨酒存放的时间越久，酒香越浓郁，口感越绵密，色如红茶一般温润，喝起来柔和带黏性，香甜可口，对肠胃无刺激，真是美酒绝酿。

而宴席上的鱼就是有着水族第一名菜之称的韭菜夹鱼了。菜名是韭菜夹鱼，实则是鱼夹韭菜，只不过这菜的主料是鱼，点睛之物是韭菜，所以叫韭菜夹鱼最合适不过，这和肉夹馍的叫法有异曲同工之妙。这道菜做法不复杂，但同样费火候和时间。选用鲜活的约 0.5 公斤重的草鱼，去鳞去鳃后沿背部剖开，留腹部相连，除去内脏，清洗干净，用酒涂抹，并拌上葱、蒜、生姜、糟辣椒和少许食盐腌制一个小时，然后将韭菜填在鱼腹内，将鱼合拢并用稻草扎紧，清炖或清蒸即成。吃的时候解开稻草，一股鱼肉混合着韭菜的鲜香扑鼻而来。夹一块鱼肉放进嘴里，只觉鱼肉细嫩、鲜甜。韭菜的香解了鱼肉的腥味，鱼的鲜又中和了韭菜的浓厚，搭配起来香而不浊、鲜而不淡，紧实的捆扎让鱼肉吃起来紧实弹牙，细细品尝一下，只觉得醇香柔软、酸辣鲜美，让人唇齿留香。

卯日是卯节活动的高潮，各家各户做好了丰盛的酒菜，祭祀祖先和稻田。大家上山采回松枝，在空旷向阳的山坡上扎起彩门，称"卯坡"，每户都要送些酒菜到卯坡祭祀祖先和稻田。回家吃过午饭后，姑娘们换上节日盛装，向稻田四周聚集，准备开始重要的祭稻田仪式。大家一边手摇着马尾草驱赶害虫，一边将酒、猪肉、糯米饭等供品摆到各家田埂上。吉时一到，祭师一边用蘸着水的手抓一把米撒向稻田，一边呼喊着水语祝词"禾神灵保佑，秧苗长茂，谷粒满仓……"，而后在田中抓一把杂草甩到田坎上。这时，水族小伙子把一小群鸭子赶进稻田，随即跳入稻田里追扑鸭子，一时鸭飞人跳，惹得岸上的人们笑声不断。最终，鸭子被年轻力壮的水族小伙子们悉数"擒拿"上岸，预示着这将是风调雨顺、稻作丰产的一年。

祭礼完毕，四方宾客和盛装的姑娘和小伙子们向卯坡鱼贯而去，卯日踩堂对歌活动马上就开始了。各村各寨的姑娘撑着各色花伞云集于卯坡，小伙子们喜笑颜开，一时间卯坡上人头攒动，热闹非凡。姑娘们的伞可不只是为了遮阳，还有其妙用，为这卯坡踩堂对歌活动增添了很多意趣。姑娘们三五成群打着伞在一起唱歌，小伙子们闻歌而至，要跟姑娘对歌，就手拉手把一群姑娘围在中间。这时最妙的就是含羞的姑娘们会先微微收起手中的伞，犹抱琵琶半遮面似的，一面悄悄审视跟前的这些小伙子，一面作几次象征性的突围。如果有中意的小伙子在其中，姑娘们就重新撑开伞，把脸遮住，开始起歌。这时小伙子们可以慢慢松开拉紧

　　的手，倾听姑娘们唱歌的内容，再由一个领头的小伙子应歌，后由众人和歌，这就是水族卯坡上特有的"伞内唱歌伞外音"，一段段佳偶良缘就从伞间对歌开始了。但是如果被围的姑娘们一直不重新撑开伞，就说明小伙子们无论怎样用歌声示好也打动不了这群姑娘的芳心，那只好再找另外一群姑娘对歌了。

　　水族青年在卯坡对歌，对歌内容丰富多彩，或情意绵绵、悠扬婉转，或机智打趣、悦耳动听："我盼望呀，挨你身边，我的小画眉啊喂……""你和我呀，恰巧相遇，我的大雄鹰啊喂……"小伙子们唱着，姑娘们和着，娇羞的姑娘们越唱手中的伞把脸遮得越严实，只听见清脆嘹亮的歌声回荡在奇山秀水间，一首接着一首，一直唱到漫天的晚霞映红卯坡，才依依不舍告别。

除旧布新——春节

春节,俗称"过年""新春""新岁""岁旦"等,是中国农历新年,为除旧布新的节日,源于夏代,原是汉民族的传统节日,秦汉后传入广西,成为广西各族人民共同的节日。

汉族地区多把农历正月初一到十五作为春节,而以前面3～5天最为隆重,这是汉族民间最隆重的传统节日。春节是中华民族最隆重的传统佳节。春节与清明节、端午节、中秋节并称为中国四大传统节日。春节被列入第一批国家级非物质文化遗产名录,并被确立为法定节假日。受中华文化的影响,世界上一些国家和地区也有庆贺新春的习俗。

春节的起源与上古原始信仰、祭祀文化以及星象、历法等人文与自然文化内容有关。立春岁首对于传统农耕社会而言意义重要,衍生了大量与之相关的岁首节俗文化。春节是由岁首祈岁祭祀演变而来,上古时代人们在春回大地、斗柄回寅、终而复始、万象更新的岁首,举行一系列祭祀活动礼祭祖先和天地众神,祈福纳新,时至今日,形成了一些较为固定的风俗习惯,节俗形式多样、内容丰富,集中体现了中华民族的思想信仰、理想愿望、

生活娱乐和文化心理。

春节的准备工作实际从农历腊月二十三开始，此时一切农活皆停，人们均为过年而忙碌。农历腊月二十三晚是俗称的"小年夜"，传说这一天灶君要上天向玉皇大帝禀报天下事，为了送灶君上天，这一天家家户户都要祭拜灶君，并从当日起屋里屋外全面清扫，餐具器皿和衣服被褥全部洗涤擦拭，还要缝制新衣、修墙补瓦，做到整齐、干净过大年。此外，家家户户还要炸油果和米花，包米粽，做年糕，蒸发糕、馒头，备好过节期间招待客人及自家食用的食品和探亲访友的礼品。

农历腊月三十俗称"大年三十"，当晚俗称"大年夜"。农历腊月三十晚，家家户户门口都贴上鲜红的春联，为

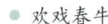

● 欢戏春牛

春节增色,并备下一年中最丰盛的晚餐,菜肴名称多取"余""高""发""升""圆""富"等谐音,以示吉祥。一家人团聚在一起吃年夜饭,大家饱餐鱼肉,象征来年家庭美满幸福、年年有余。吃完年夜饭之后,一家人围坐在灯火通明的屋内一起守岁,以迎接农历正月初一。长辈利用这个机会对小孩进行教育,要求他们遵守纪律、努力学习。

子时,爆竹声声,烟花四起,人们兴高采烈地迎接新一年的到来。多数汉族大年初一(农历正月初一)是不挑水的,必须在大年三十晚上挑水把缸装满。少数汉族有大年初一挑水的习俗,谓之"长流水"和"挑旺水",传说人和牲畜喝了大年初一凌晨挑的水便会人畜兴旺。其他民族如壮族、仫佬族、毛南族、京族和彝族也有大年初一挑新水的习俗,以求在新的一年里生活甜美、万事如意。

农历正月初一是一年中最吉祥的日子。当天,男女老少都要高高兴兴、和和气气。清晨,晚辈要给长辈拜年,长辈要给小孩发压岁钱,称之为"利是"。邻居见面,要互相拱手恭贺新年万事如意。大年初一大人不走亲戚、不串门,早饭后小孩可到同亲族或同村人家里给长辈拜年,受拜者会非常高兴,给孩子们发压岁钱或派发食品。

大年初二开始(初三除外),人们迎来送往,探亲访友,互赠礼品,互道新年祝福,即"拜年"。尤其是新婚夫妇一定要回新娘家拜年,并带上礼品逐一拜访新娘家亲友,受拜者会回赠些礼物或请吃饭。不少地区的已婚妇女习惯在大年初二回娘家。

从农历正月初一到十五,各地群众可以观看歌舞百戏、看电

影、逛花街、游庙会、看舞狮舞龙、参加球类比赛等。汉族民间视狮子为瑞兽,春节期间舞狮舞龙等传统文娱活动长盛不衰。舞狮团向农家下贺年卡,到庭院舞狮的活动称为"狮子拜年",主家要燃放鞭炮以示热烈欢迎,"狮子拜年"后,主家要给"狮子"送红包。主家往往把红包和其他食品挂在几米高处,让舞狮团搭人梯来摘取,俗称"摘银牌"。"摘银牌"是一场精彩的功夫表演,吸引成百上千群众围观,热闹非凡。

广西各少数民族的春节节俗大都与汉族相同,但也有其独特的习俗。

大年初一天还没亮,山区的壮族妇女就穿着新衣,争先恐后到井边或河边挑水,意为"挑新水",并在井边或河边拾象征六畜的石头,

● 舞龙表演

回家时边走边模仿六畜的叫声，把石头带回家，放在牛栏和猪圈内，祈求新的一年六畜兴旺。大年初一挑来的新水用来煮加了生姜、竹叶、葱花的茶，供全家人饮用。在桂西一些壮族地区，大年初一一大早，男子将刀、耙、犁、斧等农具绑上粽粑，以示酬劳，并到坡地上犁两道垄沟。妇女则撒少许谷种于牛粪上，以求当年生产顺利。大年初二，老少走寨串村，访亲会友。春节期间各地均举行抛绣球、打扁担、演壮戏、舞龙狮、舞春牛等文娱活动。

瑶族的春节节俗因支系不同而各具特点。大年初一鸡叫之时，盘瑶就带猫、狗巡游房屋四周，意为防鼠防兽。花瑶由长辈带领成年男子上山"出晨"，边走边口念吉语，然后各砍一捆生柴，意为新年生柴（财）。红瑶以猪肉粥、鸡肉粥祭祖，并供两套女子新装于神台上，以示丰衣足食。平地瑶以花粳、白粳、黄壳糯、黑壳糯、八月粘等谷种放入杯中浸泡，供于神台，根据其发芽状态来决定当年播种品种。蓝靛瑶给幼童举行挑花、识字等启蒙仪式。春节期间，瑶族人还举行演"耕作戏"、赛陀螺、打铜鼓、围猎、射击、斗鸟、抛绣球等文体活动。

苗族地区各户家长在大年初一早晨朝着当年"吉利"的方向，砍回常绿树枝并放在屋内，意为"长青"和"生财"。春节期间，走亲戚、拜老庚（每逢节庆，老庚之间都会互相往来，以加深感情）。桂西北一带，苗族人到外公家拜年时，要唱传统的"拜年歌"。大年初一至十五，苗寨举行吹芦笙、唱苗歌、弹琵琶、舞踩堂、跳坡、爬高杆、斗牛等文体活动，老幼同乐。

侗族男子在大年初一早晨朝着村东"出行",采些野山茶花,插在神台上,以示新年万象更新。邻居之间互拜新年,品尝油茶。春节期间各村集体互访。芦笙队、年锣队纷纷到邻村拜年竞赛。

仫佬族主妇在大年初一鸡鸣时到河边、井边焚香拜神,并把数枚硬币投到水中,然后挑水回家,每人喝一口新水,以图吉利。早餐家家吃汤圆,以示日子甜蜜圆满。春节的娱乐活动除唱采茶歌、舞狮龙之外,青年男女身着盛装,聚集在村外绿坡或村中晒谷坪上开歌堂,纵情欢歌,通宵达旦。

毛南族妇女也在大年初一凌晨到河边挑新水,并用"恩"树叶泡水洗脸。学童读几页书,以图聪慧灵巧。扁担则被插在门口,上端挂秤、下端系刀,意保人畜安泰兴旺。初二至十五互访亲友。

京族群众则在大年初一清晨到井边焚香汲水,将钱币撒到水井里,俗称"买新水",意为祝愿新年的"水头"(意为"钱粮")比旧年更丰足。京族群众在大年初一吃的东西颇为讲究,早餐吃白薯糕、糖粥等素食,午餐喝酒吃荤。

彝族群众在大年初一挑新水并供于神台,烧热水洗脸后拜年,先拜祖先,再拜老人,后拜同辈。春节期间,彝族群众会举行"抹黑脸""打磨秋"等活动。

仡佬族在春节期间,老年人上山打猎,儿童则于农历正月十四到山上采集各色石子,磨成椭圆形的珠子并绑成串,挂在畜禽栏舍上,以求畜禽兴旺。春节期间,仡佬族群众会开展踢毽子、转秋千、打篾蛋、打花笼、吹木叶等活动。

箫鼓春祈福满门

　　日日，月月，年年，有人的地方，总会有激情的岁月和激情的节日。尽管各民族、各地的节日时间、形式、内容各有不同，但是总离不开感恩、祈福、纳祥、迎瑞，这是长幼尊卑、礼教德治的承袭传扬。

　　于是，就有火舞炮龙，鼓点紧密激扬，烟火热烈冲天；芦笙斗马，拼一场音乐和力量的角力，来一场激情与野性的狂欢；正月灯明酒香，坚守的是生生不息的代际传承；六月晒衣，红红火火、热热闹闹，既是对日子的安排，也是对岁月的整理；旷野花炮，尽展侗家儿女的智与勇；炽热火把，燃起彝寨奋进之火，放飞生命的渴望；端午龙舟，载满虔诚的祝福，敲响团结的锣鼓，争相竞渡；九九重阳，登高望远，老叟稚童，相亲相携，生活如金秋的果实般圆润和丰实……

　　因此，去一趟山乡，总会揣着满怀的期盼而去，兜着满怀的欢喜而归，总会有一种内化于心的感念之情从此悄然生根、发芽，并茁壮成长。

龙腾百业兴——炮龙节

炮龙节是宾阳县的传统节日，每年农历正月十一，各家各户都会涌上街头，外地游客也会慕名前来，共同欢庆这一盛大节日。

宾阳炮龙节具有悠久的历史，相传起源于宋代，与狄青和侬智高在昆仑关之战有关。北宋皇祐年间（1049—1054），朝廷命狄青为将领，率军征伐侬智高。狄青至昆仑关时，正值元宵节，为迷惑侬智高，他命令驻守士兵大闹元宵。狄军按传统习俗，用稻草扎成龙，以燃烧竹子发出的噼啪声当作爆竹，一边燃烧竹子一边舞龙。侬智高得知狄军在闹元宵，便放松了警惕。狄青趁乱连夜突袭，大败侬智高。

从此以后，舞龙的习俗就被保留下来，并被赋予了新的寓意，寓意祈求新年风调雨顺、五谷丰登。

炮龙节的重点是制作炮龙，炮龙的制作工艺复杂，用时较长，只有技术纯熟的师傅才能做出既坚固又好看的炮龙。制作炮龙的师傅一般从9月就开始准备。先要把制作龙身的竹子备好，新鲜的"牛筒竹"经过切割晾晒，是制作炮龙的最好材料，这种竹子的竹节长、韧性大，经过切割晾晒后最适合制作龙身。制作龙骨

架的竹子是经过精挑细选的，一般只使用中间竹节最长的一段。竹条切割好后，就开始扎龙身。龙身由麻绳串联7个或9个竹篾而成。龙身的骨架搭好后，就开始一层层地把纸糊上去，先糊砂纸，再糊牛皮纸，最后糊宣纸，每糊完一层都要等晾干后再糊下一层，如此反复，龙身的框架才算做好。之后就是给龙身上色。先用笔画出基本轮廓，再涂上相应的颜色，贴好龙鳞，并粘上棉线做成的龙须，贴黄色龙须的是老龙，其他的为红色龙须。炮龙制作完成后，还要用喷洒了盐水的布包裹，避免爆竹引燃龙身。俗话说"爆竹不止，舞龙不停"，舞炮龙是一项体力活，舞龙队需要人手替换，一个七节龙，就需要30多个舞龙人。

炮龙节主要有"游彩架""灯酒会""舞炮龙"三个部分。

"游彩架"即彩架游行，据史料记载，至今已有100多年的历史，是兼顾技巧和造型的表演形式。每台彩架由几个大人推着前进，彩架上站着2～3个小孩。根据不同的故事，小孩装扮成不同的形象，其中有历史故事，也有现代故事。彩架游行队伍一般还伴有舞龙队、舞狮队和乐队。

"灯酒会"又称"灯会"，以自然村为单位，全村推选一名上一年生男丁的家长担任"头人"，负责灯酒会的一切事宜。每家选派一人参加村社的集体聚会，共同商讨当年农业生产等重大活动，并进行聚餐。这也是联络邻里乡亲感情的一种形式。灯酒会的活动场所设在本村社坛附近。举办灯酒会的经费由各家集资。取灯即为了求嗣。灯会前，想要求嗣添丁的人家可以报名取灯，灯会组织者根据报名人数的多少提前制作好"莲花灯"。灯会当天，由"抱花岳父"手提"莲花灯"，在"头人"等众人簇拥下，敲锣打鼓把"莲花灯"送到取灯人家。拜祭后，众人欢唱祝贺歌，"头人"带领灯会参加者去赴宴，其他人留在取灯者家里闹宴。

"舞炮龙"是炮龙节的高潮所在，主要包括开光仪式、舞炮龙、送龙仪式等环节。

开光仪式在寺庙举行，众人把炮龙引到寺庙，一名长者把鸡血涂到龙珠和龙眼上。涂好鸡血后，炮龙在鞭炮齐鸣、锣鼓喧天中离开。至此，开光仪式圆满完成。

舞炮龙开始，由一人手持龙珠做引领，炮龙追着龙珠在各家各户门前舞过，身后跟着锣鼓队和火把队。为了吸引炮龙在自家门前停留时间长一些，家家户户都在门前点燃鞭炮，竞相吸引炮龙。大家认为，鞭炮燃得越多越响，炮龙在家门口停留的时间就越长，这一年的运气就越好。为了求得一年的顺顺利利、好运连连，大家围着炮龙你争我抢。人们认为炮龙全身都是宝，不管抢到龙须、龙鳞还是龙珠，都能带来好运，得到庇佑，心想事成。

炮龙在舞动时，男女老少纷纷在龙肚下穿梭，意为"钻龙肚"，以此祈求吉祥如意，希望大人平安顺利，生活幸福，小孩聪明伶俐，健康成长。伴着噼里啪啦的鞭炮声、人们的欢呼声和锣鼓的喧嚣声，男女老少在龙肚下钻来钻去，丝毫不畏惧鞭炮在身边炸响。

待舞龙队从村头一直舞到村尾，舞炮龙已接近尾声，舞龙队来到既定位置，举行传统的送龙仪式。在燃烧的熊熊烈火和人们的欢呼声中，舞龙队把炮龙投到燃起的大火中，炮龙一边燃烧，

● 炮龙节现场

● 抢龙须盼好兆头

人们一边敲锣打鼓。大家会在大火上熬一锅"龙粥",分食完"龙粥",舞炮龙仪式就圆满结束了。

宾阳炮龙节于 2008 年 6 月被列入第二批国家级非物质文化遗产名录。一年一度的炮龙节活动成为宾阳县社会经济发展的"助推器"。为了进一步扩大炮龙节的影响力,宾阳县人民政府在传统的民俗表演基础上,增加了美食节、歌舞晚会表演、文化体育节等活动。如今,宾阳炮龙节已成为广西宾阳的文化名片,享誉海内外。

吹芦笙斗马——芦笙斗马节

芦笙斗马节是广西融水苗族自治县的一个独具民族特色的节日,节期在每年 11 月 26 日,与融水苗族自治县的县庆日同一天,全县各地当天都会举行特别隆重又丰富多彩的民俗文化活动,其中的重头戏自然是芦笙踩堂和斗马了。

纵观全国各地的民俗活动,与马有关的一般只有赛马或马术,唯独广西融水苗族自治县有斗马比赛。斗马比赛在广西融水苗族自治县是广大群众喜闻乐见的一大盛事,当地苗族同胞都以斗马为傲,因此芦笙斗马节这一天格外的喜庆热闹。

广西融水苗族自治县地处山区,大苗山雄峻起伏,马匹曾长期作为当地苗族同胞主要的劳作和交通运输工具,因此当地苗族自古就有养马、爱马、斗马的习俗。"人以马为乐,马为情而斗"是当地苗族斗马的形象写照。相传几百年前有一名漂亮聪慧的苗族姑娘,在坡会上吸引了无数优秀小伙子向她求爱,让她一时难以抉择。后来姑娘想出一计,让小伙子们牵来自己喂养的马匹,用斗马的方式选取如意郎君。经过几百年的演变,斗马庆丰收与芦笙欢歌相映成趣,逐渐形成了融水苗族庆祝丰收、娱乐竞技、社交联谊的芦笙斗马节。

最盛大的斗马比赛一般在融水苗族自治县民族体育公园举行。这一天，只见人山人海，穿着节日盛装的各族群众从四面八方汇聚过来看斗马比赛。体育公园里的斗马场早已被里三层外三层地围得水泄不通，观赛者至少有上万人，场面热烈壮观。斗马比赛开始前，由来自融水各地的芦笙队分别表演芦笙祭祀、芦笙迎宾舞、拉鼓舞、打同年等节目。拉鼓舞汇集了100面"天鼓"，小伙子们手执鼓绳，在芦笙的伴奏下，有节奏地对拉起来。同时身穿节日盛装的姑娘与小伙子挑着丰收担子，提着鸡鸭笼子，牵着牛羊，抬着猪，扛着酒坛，吹着芦笙，展示着丰收之喜。

举行完庆丰收的仪式，激动人心的斗马比赛就开始了。斗马比赛的公马都是融水各乡镇斗马比赛的佼佼者，既有久经战场的昔日"马王"，也有雄赳赳的精壮新马，马儿早已在场边跃跃欲试。参加斗马的马儿黄金年龄在8～12岁，这些赛马平时都得到马主人的精心照顾，很少用于劳作。临近比赛时马主人会在草料中加入黄豆、碎米和鸡蛋甜酒等，让马儿长得更壮硕。马儿分组捉对后，工作人员会在马儿身上写上号码。斗马是每两匹公马相斗，实行淘汰制，胜者与另一组的胜者继续相斗，一直到决出最后的"马王"。

新任"马王"决出后，斗马场上欢声雷动，鞭炮齐鸣，芦笙奏响，大家都为新"马王"的诞生而欢庆。马主人牵着披红挂绿的"马王"绕场一周，开心地接受观众的祝贺。

看完了斗马比赛，还有斗牛、斗羊、斗鸟、斗鸡等比赛，到处都是热闹的场面。斗牛由于多是斗水牛，因而一般是在河滩里举行，围观的群众将河岸挤得满满当当。斗牛的程序与规则和斗马差不多，不同的是牛的斗法。一般水牛都是用牛角对撞，牛蹄踩在河滩上，河滩碎石哗啦啦作响，一时间石飞水溅，场面紧张刺激。示弱的水牛会突然调头跑掉，而获胜的水牛则会乘胜追击，这时牛主人要赶忙上前拉住自家的牛，不然牛有可能会跑得很远。斗羊则是斗黑山羊。黑山羊的羊角无比的坚硬，斗羊比赛开始双方互有攻守，攻方高高跃起，猛地将羊角砸向守方的羊角，发出"砰"的巨响，让人惊叹看似温顺柔弱的山羊竟然有如此巨大的

● 苗族芦笙斗马节的斗马现场

爆发力。斗鸟要把两个鸟笼放在一起，然后同时掀开罩着笼子的布罩子，笼子里的小画眉就会上下翻飞地斗起来，场面如刀光剑影一般瞬息万变，围观的人都伸长脖子聚精会神地看，情绪似乎比打斗的小鸟还紧张。当某一只画眉避开争斗收翅，另一只就得意地拍打双翅并发出胜利的欢叫。

看完各种比赛，吹芦笙跳踩堂舞就是全民参与狂欢的重头戏了。主会场上汇聚了全县数十个芦笙队，千余支芦笙，一同吹奏起动听的乐曲，响彻云霄，身着盛装的姑娘们围在芦笙队的外圈，跳起婀娜多姿的踩堂舞。这就是壮观的"千人芦笙万人舞"，大家曲调一致，步调一致，声势无比浩大，场面无比震撼！

而后，各村寨的芦笙队缓缓步入芦笙堂。每支队伍由若干名寨老在前头引领，手持芦笙的芦笙手们和身着盛装的姑娘们紧跟其后。队伍围绕芦笙柱转三周后，领吹的"芦笙头"以一声悠扬的笙调起头，然后腾空跃起，在笙调结束与双脚落地的一刹那，场上所有的大小芦笙同声共鸣，汇成了洪亮欢快的芦笙曲。

在高亢的芦笙曲中，姑娘们在场子里围成一个圆圈，手拉着手开始踩着节拍起舞，一边舞蹈一边纵情歌唱，身上的银饰齐刷刷作响。吹芦笙的小伙子们围绕着场地时而旋转，时而跳跃，一边伴奏一边伴舞，笙曲抒情浪漫，舞蹈有力潇洒。这就是气氛热烈、场面壮观的芦笙踩堂。

来自各村各寨的芦笙队会拿出各自的看家本领，有倒立吹的，有叠罗汉吹的，还有吹奏高达十几米的芦笙的，花样不断的芦笙吹奏让节日的气氛升腾至高潮。姑娘们踩着芦笙的节奏与吹芦笙

的小伙子们对舞，引得小伙子们吹芦笙的曲调越发高亢，舞姿越发奔放，小伙子们在姑娘们轻盈的身姿、优美的舞步中吹奏得如痴如醉。

2013年10月，融水芦笙斗马节荣获"中国最具民族特色节庆"称号。

添丁感恩话灯酒——灯酒节

每年农历正月十一,环大明山一带的上林、宾阳、武鸣、邕宁等地家家户户张灯结彩,喜迎灯酒节。灯酒节又称灯酒会、灯会,本为"丁酒",原为一年来家中生了男孩子(添丁)的人家为表示庆贺,献出猪、羊、阉鸡、米酒等宴请宗族村邻共同庆祝,同时希望各家各户来年也喜得贵子、丁财两旺,久而久之,逐渐形成了当地隆重的传统节日灯酒节。上林壮族灯酒节2010年5月被列入第三批自治区级非物质文化遗产名录。

关于灯酒节的来历,史书没有记载。民间普遍认为,灯酒节延续至今已有几百年甚至上千年的历史了。巷贤镇石寨庄有两副反映灯酒节盛况的对联,据说是石寨庄的两位先人分别于清代乾隆末期和嘉庆初期所题写的。一联为"人杰成比户雍熙,地灵见高坛肃穆",横批"濯赫灵声";另一联为"佑启灯花频结彩,亨隆酒礼叠降祥",横批"保障世界"。这两副对联生动地描述了人们庆祝灯酒节时庄重而肃穆、隆重而壮观的情景,表明当地灯酒节于清乾隆年间就已经非常盛行,至今至少已有200多年的历史。

　　灯酒节，是当地的重大节日，其隆重程度不亚于除夕。灯酒节前，家家户户都把自家门庭打扫干净，张贴新的对联，挂上灯笼。当地群众认为，吃了"灯酒"才算过完春节，因此一些外出工作的人都尽可能过了灯酒节才离家。灯酒节期间，各家各户都会热情邀请亲朋好友到自家过节，人们认为客人来得越多，人气越旺，运气就越好。虽然各村镇灯酒节的规模大小不一，但是其活动的形式、内容和过程基本相同。灯酒节的主要活动就是农历正月十一日的灯酒会，其活动以自然村为单位，在村前的社坛附近举行。

　　灯酒节的筹备工作由各村选出的"头人"负责。每年灯酒节结束时，都会选出下一年的筹备工作人员。这些人员通常是从村里抽出男丁编排组合而成，每届10人左右，轮流担任，俗称"头"。一般到了农历正月初八、初九，"头"们就要聚在一起，统计上年新生孩子（过去仅限男孩，现在也包括女孩）的数目，商议参加灯酒会的每人需要交的钱、米和柴火的数目。数目多少由这些"头"商量决定，一般根据各村的富裕程度而定，没有统一标准。20世纪90年代的灯酒会，通常是每人收钱5元、米0.5公斤、柴火2公斤，现在以收取现金为主，各村收取每人50～100元不等。由这些"头"各自登门到各家各户去收取钱款，然后再统一安排经费的使用，如购买酒、肉、调料以及香烛、鞭炮、纸钱等。大家进行分工，各司其职。灯酒节的筹备工作需在农历正月初十前完成。农历正月初十晚上，辛苦备办物品的"头"们相聚在社坛附近，各自从家里拿出锅碗瓢盆刀等炊具，做好准备工作，当晚这些"头"们先行会餐。

农历正月十一，人们一大早就起床，换上新衣，各家各户生火煮茶、热粽子，备好茶、酒、粽子、年糕、米花糖、水果以及纸钱、纸元宝等。在家里祭过祖先之后，将同样的祭品拿到社坛祭祀，然后放鞭炮、烧纸钱。这一天，人们见面都以"恭喜发财"相贺，见到青年人则道"祝你明年报新丁"，对新生孩子的人家，人们纷纷道以"恭喜报新丁"，并给小孩"贺钱"。

各家各户做完各项祭祀，吃完早餐后，各派一人把参加灯酒会应交的钱、米和柴火拿到社坛附近的灯酒会活动场上交。当年新生男孩的人家，要为灯酒节捐献一只山羊或一个猪头，生女孩的人家捐献一只大阉鸡并献出一坛糯米甜酒和几挂鞭炮等，负责组织的"头"都一一做记录。其他人家则献上粽子、年糕、米花糖、水果以及纸钱、纸元宝等。然后，负责组织的"头"便开始杀鸡宰羊，生火煮饭，一些小孩帮着将买来的鞭炮和人们上交的鞭炮连接起来，村里有学问的老人写对联、祝文等，贴到社坛前。对联一般上联为"灯前共饮新丁酒"，下联为"酒后同观福禄灯"，横批为"丁财两旺"。

大祭是灯酒会最隆重的活动内容，按传统古礼举行。大祭前，将宰杀好未经烹煮的鸡、羊、猪头以及其他祭品、鞭炮抬到社坛。人们可以从羊、鸡、猪头的多少判断出当年村里出生了多少个孩子。祭品的摆放很讲究，一般先摆羊，再摆鸡，猪头摆在最后。按照传统习俗，人们会在羊的嘴里塞一把青草，在鸡的屁股上插上一根羽毛。摆好祭品之后，就开始上香点烛。当天上午

11时许，灯酒节大祭仪式按传统开展，全村男女老少都聚集到社坛门前，参祭人员来到社坛前，先由舞狮参拜、二胡演奏《福禄寿》音乐，后由参祭人员祭拜。参祭人员由"东家"一人、主祭一人、引祭一人、执事两人、陪祭若干人组成。"东家"是大祭的主持者，负责指挥各项活动，主祭一般是由村里有名望的老人担任。参祭人员各司其职。传统大祭要经过鞠躬、跪拜、献礼、读祝、鸣炮、祈福、送祭品等程序。

宾阳壮、汉民族民间认为，在"灯酒会"日取灯，当年会添丁。因此，想要添丁的人家就会报名取灯。灯酒会当天，取灯仪式在村里的社坛或宗族祠堂举行，"抱花岳父"取下"莲花灯"，众人在"头"的引领下，敲锣打鼓给取灯人家送去。"抱花岳父"将"莲花灯"挂在取灯人家厅堂的墙壁上，拜祭后，众人唱祝贺歌。歌毕，"头"带领灯酒会参加者去赴宴，其他人留在取灯者家里闹宴。

当年生了孩子的人家，则各自把彩灯挂到社坛前，以鸡、鸭、猪肉、粽子、果品等祭社神，再由舞狮队敲锣打鼓、舞狮、放鞭炮，把彩灯分别送还给各自"主人家"。

吃是灯酒节必不可少的内容。过去，每户派一名代表到村内社坛聚餐。头年生男孩的户主备煮熟的大阉鸡或公鸡、熟猪头肉、熟鱼到社坛祭"社王"，同时宴请各户代表。巷贤有"散羊头"之俗。头胎生男孩的人家在灯酒节出一只羊祭"社王"，交与公众会餐，社主将羊头及四分之一的羊肉退给户主。第二天，户主用羊头祭祀祖先，并举办丰盛宴席，邀约亲戚朋友来家共欢，尽兴而散。头胎生女孩子的，要在灯酒节出一只阉鸡和一坛酒祭"社王"，交与社众欢宴。现在，全村的男女老幼以及来自四面八方的亲朋好友均可参加会餐。

上林石寨庄的"长桌宴"颇有特色。大祭结束后，人们把祭品抬回活动场所，负责组织的"头"先从每件可食用的祭品中砍出一半，留给捐献的人家，然后把另一半切好烹煮，连同村民们贡献的各式节日食品一起摆上长桌，全村男女老少以及应邀而来的亲朋好友，聚集在树下吃"长桌宴"，人们开怀畅饮，谈笑风生，气氛热烈。酒足饭饱后，按照传统，男人们会留下来商量本村的一些大事，由村委会主任总结上一年工作，公布各项活动的收支情况，讨论当年该做哪些公共事业，如挖渠、修桥、补路等，还利用此机会调解一些邻里纠纷，解决矛盾，并确定下一届灯酒节的负责人。之后，传统的舞狮、舞龙、山歌对唱等节日活动便正式开始了。

围绕着"灯""酒"而展开的灯酒节，蕴含着历史、宗教、语言、艺术、经济等丰富的民族文化信息，是壮、汉民族珍贵的民族文化遗产。2009年，遗失多年的灯酒节《福禄寿》音乐，经过抢救挖掘重新奏响了。

六月初六晒衣忙——晒衣节

晒衣节,又叫"天贶节""晒衣日",是龙胜各族自治县红瑶民众的一个独特节日,时间为农历六月初六。

关于晒衣节的由来有多种说法。一说当年唐僧师徒历经艰难险阻取回真经,但不幸的是,经书在回程途中不慎掉入海中,所有经书都被海水打湿了。上天为唐僧师徒不畏艰难的取经精神所感动,于是就专门赐予他们一个艳阳天,让他们晒经书。这一日正是农历六月初六,于是,民间就有了在这一日洗晒衣物的风俗。二说当年乾隆皇帝到江南,遇上大雨,淋湿了衣裳,于是将衣裳放在阳光下晒干,时间正值农历六月初六,因此这一日被人们称为"晒龙袍日"。于是,在民间便有了"人晒衣裳龙晒袍"这一俗语。三说古代有一户李姓人家,他们的孩子出生时是一条小龙,孩子的父亲误以为这是一个怪胎,便拿着刀去砍那条小龙。于是,小龙飞走了,但尾巴却被砍掉了。后来,为解对孩子的思念之情,每年农历六月初六小龙出生这天,小龙的父母都会把小龙的尾巴拿出来晒一晒。实际上,从气候上看,农历六月初六正值小暑过后、立秋之前。这时,天清气朗,阳光普照,家家户户在这一天将衣箱搬出门外,将衣物等在阳光下摊开、晾晒,利用阳光中的

龙脊晒衣节

紫外线灭菌和驱虫，久而成俗。

自古以来，红瑶就一直生活在亚热带季风气候区的深山密林中，那里气候潮湿，各种物品容易发霉和生虫。由于红瑶服饰的制作工艺复杂耗时，而且染印的织物在洗涤后容易褪色，因此红瑶服饰很少用水洗涤。红瑶群众认为农历六月初六是一年之中日光最强烈的时候，当日晾晒物品可防虫害和防霉。因此，人们习惯于农历六月初六这天拿出自家的红裙和红衣，放在窗台、阳台和院子里晾晒，放眼望去一片鲜红，可谓"红衣晒红半边天"。

在晒衣节那天，红瑶群众集体晒红衣，并准备丰盛的筵席，一家人共饮团圆酒、共吃团圆饭。晒衣节当天上午10时，师公们吹响唢呐，敲锣打鼓，吸引宾朋前来参观，为后面的晒红衣环节助力。在欢腾的锣鼓声和唢呐声中，身着盛装的红瑶姑娘们成群结队地出现在人们的视野中。她们头上盘着各式各样的发髻，耳朵上戴着一对粗大的银质耳环，身着大红底色织衣花裙。花裙分为上、中、下三部分，上部为黑色，中间白底黑纹，下部为红绿相间的图纹。她们在宾朋的注视下走进展厅，展厅是一栋三层楼的木制排屋，二楼和三楼的窗户早已打开，屋子里的姑娘们正在整理自己的红衣。待花炮声响起，姑娘们便开始在屋子里的窗台上一件接一件地用吊绳悬挂起红瑶的传统服饰。红衣占满了二楼和三楼的窗台，从楼外望去，整栋楼红彤彤一片，场面颇为宏伟壮观。

除晒红衣外，晒衣节的另一个传统活动是红瑶姑娘在河边梳洗长发。红瑶姑娘的长发象征着富贵和长寿。过去，红瑶姑娘一

● 在河边梳洗长发的红瑶女子

生只剪一次头发,且她们不会轻易让外人看到她们的头发。平时,红瑶姑娘都将头发绾成发髻,并用头巾包裹,直到新婚之夜,才会让新郎为其亲自解开。随着多元文化的不断融合,愈来愈多的红瑶姑娘敢于走上舞台,向人们展示自己的美。晒衣节当天上午,村寨中的红瑶姑娘穿着华丽的传统服装,来到河边梳洗自己的长发。她们整齐地站在浅水区的岸边,解下头巾,乌黑锃亮的长发瞬时从头顶飘逸而下,长可接地。美丽的红瑶姑娘用河水湿润长

发,然后手持木梳,轻轻地梳理长发。伴随着手臂的轻盈晃动,姑娘们手上的银铃叮当作响,仿佛为这幅梳妆画增添了轻盈欢快的伴奏。

在晒衣节当日,龙胜红瑶要举行"抬金狗"仪式。传说红瑶先祖出生于山东,为逃避战乱,先祖坐船从北方迁徙到南方。在路上,先祖遇上狂风大雨,船被打翻了,随身物品包括粮食全被海水冲走了。绝望中,红瑶先祖在狗的尾巴上发现了一些谷物种子。红瑶先祖获得谷物种子后,在龙胜种植稻谷,繁衍生息,因此才有了现在的梯田。为了纪念狗取稻种的恩情,龙胜红瑶每年农历六月初六都会举行"抬金狗"仪式,以此形式来敬狗报恩。在举行该仪式之前,每个家庭都会选择一只白色或黄色的公狗,喂食后为其梳理毛发,在其身上画上若干大小不同的红色斑点,象征家狗取来谷种,寓意当年将获得大丰收。然后将狗放入一个大的竹笼中,组织一次游行。人们敲锣打鼓,燃放鞭炮,兴高采烈地从寨头第一家开始巡游,每进一家,就由带队者向主家致意问好,祝主家人财两旺。

红瑶女性擅长织绣,晒衣节这一天,是她们展示自己织绣技艺的时机。在红瑶地区流传着这样一句俗语:"五岁六岁玩泥巴,十三四岁学绣花。十七十八方出嫁,十九二十抱娃娃。"织绣,是红瑶女性从小就必须掌握的一门技艺。织绣时,红瑶女性不用描图,也不用模具。她们靠着一双巧手和一双慧眼,根据基布经纱和纬纱中的"布孔"来构思刺绣图案,这一技巧即她们说的"数布眼"。红瑶男性喜青衣青裤,女性则喜好穿五色衣裙。红瑶女性上衣装饰有复杂的图案，蕴含着特殊的寓意。例如，女性上衣背面的一对虎爪纹样象征玉玺印，传说是皇帝赐予的，因而此纹样是织绣上必不可少的。红瑶女性上衣通常以大红色和玫瑰红为主。花裙上绣有山脉、花草、动物等图案，象征着红瑶女性在生产生活中对自然的认知，体现出红瑶女性的智慧。织绣技艺展览开始时，数十台织布机在展厅前的小广场上围成一个大圆圈，数十位红瑶女性坐于织布机前，开始将五彩纱线缠绕在织机上。平平无奇的纱线在她们手中逐渐勾绘出具有红瑶风情的图案，让宾客们赞不绝口。

除传统的晒红衣活动外，当天还会举行"千人送新娘，红衣定终身"的红瑶集体婚礼。过去，这项活动的参与者只有红瑶青年男女。后来，随着旅游业的不断发展，"红衣定终身"的传统习俗融入了愈来愈多的新元素。除当地红瑶青年男女可参加集体婚礼外，外地新人也可参与其中。新人拜堂仪式通常在村寨中的歌舞坪举行，婚礼通常由年高德劭的长辈主持。

除了龙胜红瑶之外，其他一些地方的瑶族也有过晒衣节的习俗，如桂平市的盘瑶。这天早上，各家长辈指示年轻人把箱子、衣服、鞋子等有条不紊地搬到屋外晒谷场，铺在竹席上或挂在竹竿上，等候阳光普照。整个村寨色彩缤纷，如同一片斑斓的衣海。当晒足三四个小时后，大家将衣物等放回原处。傍晚时分，全寨人于晒谷场聚集，面向夕阳，挥手致意，表达对太阳的感激之情。此外，晒衣节当天家家户户杀鸡宰鸭、摆酒设宴，节日活动别有一番情趣。

一声轰鸣抢炮头——花炮节

花炮节即抢花炮,又称"赶会期",是广西侗族传统节日,广泛流传于广西三江侗族自治县,各地节期不一,程阳花炮节在农历正月初五,梅林花炮节在农历二月初二,富禄花炮节在农历三月初三等,其中以富禄在农历三月初三举行的花炮节最具代表性。

花炮节的来源在民间有多种传说。一是传说侗族祖先原住在山西,后几经辗转迁至三江。侗族祖先迁徙过程十分艰苦,常常吃不饱穿不暖,来到三江后开荒造田,才逐渐有了吃穿,并定居下来。后人为了感念祖先带领大家来到好地方的恩情,决定选吉日举办庆典来表达对祖先的感激和怀念。二是传说清朝年间,一个侗族老汉正在山上干活,天空突然一声巨响,接着一个小圈从天而降,落到老汉身边。老汉将小圈捡回家,这一年他所在的寨子都五谷丰登、人畜平安。于是当地人便借助花炮重现天降小圈的情景,人们希望通过以抢小圈的方式抢来好运,慢慢便形成了花炮节。侗族群众认为花炮象征着吉祥幸福,抢得花炮的人以及其所在的寨子在这一年都会五谷丰登、幸福安康。三是传说三国时期，诸葛亮西征至三江一带，在三江驻扎，向当地百姓传授火药制法和灌溉工具水车的制法，还用抢花炮的形式来加强当地村寨之间的团结，增加交往、增进友谊，久而久之就形成了花炮节。四是传说明代时，三江有两兄弟，一天，他们送临产的姑嫂二人渡江，船行到江中，却被巨浪吞没了，兄弟俩因此遇难。后来，永历帝经此渡江，两兄弟化作两条鲤鱼来护驾，因此便有了二圣侯王的说法。于是当地群众在每年农历三月初三举行花炮会，以抢花炮的形式来祭祀二圣侯王。

富禄花炮节于每年农历三月初三举办，节日当天柳江畔富禄人民身着盛装，结对奔向江畔沙滩，沙滩上有抢花炮、演唱侗戏、跳"踩堂舞"、对歌、斗鸟等丰富多样的活动，其中最热闹的活动当数抢花炮。按习俗，花炮节有"还炮""游炮""抢炮""接炮""养炮"等环节，现已略为简化。"还炮"指上一年抢得花炮的人在当年花炮节前需将花炮送还以作当年抢炮之用。"游炮"指比赛当日众人抬"三牲"、花炮和制作精美的3座花炮台前往"三王庙"供奉后举行盛大的游行活动，所有参加抢花炮的选手、演出队伍沿街道、大桥、码头巡游，最后到达位于河滩的主会场，活动正式开始。"抢炮"是花炮节的重头戏。抢花炮有一场三炮，也有五炮或更多的。富禄的抢花炮多为一场三炮，当地人认为一炮象征福禄寿喜，二炮象征升官发财，三炮象征人丁兴旺。抢花炮仅限男子参加，可以以家、族、村为单位组队，也可以跨村寨自由组队，每队队员一般为20人，各队队员人数必须相等。花炮由一个铁筒制成，内置火药，花炮头由丝线缠绕小铁环做成并

置于花炮顶端。比赛使用的一炮、二炮、三炮分别陈放于相应的花炮台中。举行简单仪式后，公证人点燃花炮，花炮头冲入空中。参赛选手绷紧肌肉，凝视腾空而起的花炮头，相互争夺有利位置。待花炮头下落，选手们奋力争抢之如群狼围猎。随着比赛的推进，争抢变得愈发激烈，选手们采取挤、抢、护、拦、传等技巧，同时依靠集体采用交叉掩护、声东击西等方式斗智斗勇、四处奔突，围观人群的喝彩声随着选手一次次声东击西、掩护突围的巧妙配合起落。单场比赛在选手突围将花炮头送至得胜门后宣告结束，

● 抢花炮

这时全场气氛也达到顶峰。一炮争夺结束后,二炮、三炮依次进行。因抢花炮时身体的对抗较为激烈,要求参赛者身上无过多装饰和遮挡,故光膀穿短裤便成为该项比赛的着装要求,同时选手还要把两手指甲剪短,不许身藏利器或其他硬物,以免伤人。花炮场上允许使用挤、抢、护、拦、传等技巧,但不能有伤人动作,如有人犯规,场上的公证人即令其出场。由此可见,抢花炮是一项智慧和勇气并存、个人和团队缺一不可的民族民间体育活动。"接炮"指抢得花炮的幸运儿组织人员抬花炮游街巡巷,游行后将花炮安放于家里或祠堂供奉,并大摆宴席与村人、族人共享美食。"养炮"指将花炮接回供奉后,每月农历初一和十五需定时给花炮焚香供酒。

实际上,花炮节不仅是侗族的传统节日,还是壮、汉、仫佬等民族的传统节日,流行于广西各地,这在广西的很多史籍资料中都有记载。如光绪年间《平南县志》载:"用五色纸剪彩造花炮一尊,以麻绳缠作圈子如环状,置炮口中。炮响则圈飞入云表,万人仰首。圈坠,拾得者,会主用金花彩红饰玻璃佛镜一座,鼓吹送至其家,供奉中堂……"民国《贵县志》载:"初二日,城厢人民群集坊社放花炮,大者丈余,小者尺许,以竹为炮架。糊以花纸,有头、二、三炮诸名目。中藏彩环,炮轰环腾,得者谓之'得炮头',会主以鼓吹仪仗送镜至其家,翌年及期,别备屏炮,以金猪、鼓乐送至社前,谓之'还炮'。近年社坛大都毁除,已无此举。"清代贵县(今贵港市)文人陈芝诰有诗《二月看炮》曰:"二月春风乐事稠,社前箫鼓愿同酬。一声轰烈

惊天地，侥幸何人得炮头。"1934年《上林县志》载："三月三日，真武诞辰，建斋设醮，或俳优歌舞，乐工鼓吹三日夜，谓之：'三三胜会'。至期送圣放花炮酬神，观者竞得炮头，以为吉利，且主来岁之缘首焉。"《梧州日报》1988年4月19日以《苍梧龙岩欢庆"三月三"》为题，记叙当地抢花炮之文体活动："数队由小伙子组成的抢炮队，叠起三层人梯，抢夺悬吊的花炮。"以上材料都生动记述了花炮节的盛况。时至今日，除三江侗族自治县外，广西还有不少地方举行丰富多彩的花炮节活动。

花炮节源于祭神祈福活动，象征着人们对美好生活的追求。如今抢花炮已发展成为群众性文体活动。自1982年起，国家民委、体委（今国家体育总局）相继将"抢花炮"列为全国少数民族传统体育运动会表演项目、竞技项目、大型重点竞技项目。2008年，侗族花炮节被列入第二批自治区级非物质文化遗产名录。

舞火狂欢——火把节

在广西乡间,每逢圩日的集镇热闹非凡,十里八乡的各族群众都汇聚到集镇上,一首传唱大江南北的《赶圩归来啊哩哩》唱出了赶圩姑娘的欢快心情,这首歌正是改编自广西隆林各族自治县的彝族民歌。提到在隆林赶圩,那必须要赶一场彝族火把节的大圩了。

隆林的彝族主要居住在德峨镇,每年农历六月二十四,正是彝族火把节。一大早,彝族群众就穿着节日盛装从各个村寨赶往德峨,参加隆林火把节的第一项重要活动——"送布谷鸟"仪式。一路上,彝族姑娘小伙呼朋唤友,结伴而行。他们说,布谷鸟是深受彝族人喜爱的益鸟,它春天飞来报告农时,使彝族人能够按时播种耕种。因此每年丰收后,各家各户都会拿出一些粮食放到树林里,作为对布谷鸟的感谢。

"送布谷鸟"仪式在德峨镇阿稿屯的高山上举行,这是当地最高的一座山。仪式由当地德高望重的彝族寨老主持。只见寨老手持一根未经修枝的竹丫,上面有一对竹编的布谷鸟,两位身着五彩百褶裙的彝族少女提着新收的玉米、稻谷等粮食走在最前头,

在人群的簇拥下朝那最高的山头行进。来到山腰林地前的空地上，彝族少女把粮食和糯米饭、米酒等食物摆好，寨老上前点燃香纸，一位彝族小伙子把4米多长的竹丫插地立起，直指蓝天。人们面对"布谷鸟"虔诚地三鞠躬，在寨老带领下齐声吟唱："感谢布谷鸟，感谢鸟儿催春早，感谢鸟儿催人勤，带来丰收的粮食，布谷鸟——飞喽——飞喽，明年春天再飞回来哟……"

"送布谷鸟"仪式结束后，大家聚集到德峨镇上，丰富多彩的文娱活动开始了。在山间空地上，各种独具彝族特色的活动在人们此起彼伏的欢呼声中展开，主要有"抢鸭蛋""摔跤""打磨秋""抹黑脸"等。来自各个村寨的人们很快挤满了周围的小山头，一眼望去人山人海，很是壮观。"抢鸭蛋"是孩子们最爱玩的游戏，只见一个孩童手脚趴地，身下护着三五颗鸭蛋大小的鹅卵石，其他孩子围在四周虎视眈眈，准备抢他身下的"鸭蛋"。开抢后，护"鸭蛋"的人手不能离地，只能用脚踹，抢的人要是被踹到了就出局，而"鸭蛋"要是都被抢走了，护"鸭蛋"的人就输了，要被其他孩子拉住四肢四脚朝天左右晃荡好几下，一阵哄笑后再开开心心玩下一轮。小伙子们爱玩的是摔跤。彝族的摔跤过去很直观的就叫"抱腰"，因为摔跤规定要抱腰来摔。彝族摔跤主要有两种形式：一是面对面抱腰，把对方摔倒压在身下算赢；另一种就是背对背反抱腰，把对方往自己背上拉起让他脚离地就算赢。后一种摔跤形式更具有趣味性和观赏性，常常有以弱胜强的情况出现。

磨秋由两根木头制成，一根硬木一部分埋在地下，另一部分露出地面约 2 米，顶端钉入铁套做成磨心，再将一根长约 10 米的木头作为横杆，中间凿一孔套在磨心上。两个人分别抱住横木两端推动前行，横木可以升降转动，如推磨般绕着磨心旋转，又似秋千般可以升降，故称之为"打磨秋"。"打磨秋"时既可以是两位姑娘游戏，把磨秋转得越来越快，展示飞速捡花等技巧；也可以是男女两人一起玩，在空中互掷香包；还可以随着磨秋起起落落，凌空飞转，小伙子做"白鹤亮翅""燕子翻梁"，小姑娘表演"蝴蝶采花""仙女散花"等。在现场围看"打磨秋"，只觉得彩裙飘飘，欢声阵阵，真是一种力与美的视觉享受。仰头望去，那飞跃在山谷间的五彩百褶裙，仿佛在山谷间飞架起一座座彩虹，传递着彝族人民的欢声笑语，让人赏心悦目。

正当人们沉醉在这些"飞天"表演中时，忽然人群中冒出来一群嘻嘻哈哈的姑娘，手上沾满锅灰，伸手就往旁边小伙子脸上抹，有的干脆连锅头都拿来了，一眨眼就将好几个小伙子抹成大花脸。小伙子们愣了个神，马上就反应过来，知道是"抹黑脸"开始了，他们抢过锅头开始给姑娘们抹大花脸。一场嘻哈混战之后，大家都变成了"花脸猫"，你看看我，我看看你，哈哈大笑起来。

这就是彝族火把节时特有的"抹黑脸"仪式，也是当地彝族欢迎客人的礼节。在彝族群众看来，谁的脸上被抹的灰越多、被抹得越黑，就说明他越受欢迎。彝族的"抹黑脸"仪式来自一个古老的传说：从前有一个猎人，在山上碰到一只老虎，与老虎搏斗了几天几夜，都未能打败它。猎人回到家，往脸上抹了一把灰，

再上山打虎。老虎见来了个黑脸怪物,转身就逃。从此以后,彝族人民上山前都会学猎人把脸抹黑。彝族人民认为黑色是保护色,抹了黑脸,就能吉祥平安。

"抹黑脸"之后,街上摆起了长桌宴,各家各户都招呼客人来自家门前座席开吃。按照彝族的风俗,谁家客人最多谁就最光荣,因此大家各显神通地在门前的长桌上摆满了各式各样的美食:蒸南瓜、腊肉糯米饭、辣椒羊肉、菜豆花、酸菜饭豆、羊瘪汤等。其中,坨坨肉最受人们欢迎。坨坨肉一般取材于当地特产的小黑

● 火把节上欢快的"抹黑脸"

● 热闹的火把节现场

猪,把肉连骨头剁成5厘米见方的肉块,放到锅里煮熟后蘸辣椒盐吃。小黑猪的肉质瘦嫩,散发着原汁原味的鲜甜肉香,抓起坨坨肉一口咬下去,满嘴肉汁横流,令人满足。将坨坨肉串到竹签上并放到炭火上烤熟,吃起来则是外焦里嫩、鲜香味美,让人欲罢不能。怪不得彝族有这样一句谚语:"没有美酒说话没有精神,没有坨坨肉不像招待客人。"以这坨坨肉待客真是展示了彝族人的豪爽个性。

吃完长桌宴,天色便暗了下来。彝族人在家里点燃一支由竹子扎成的火把,之后手执火把绕自家的房屋转一圈,同时口中念

着祈福之语,火光照亮了客厅里贴着的"火人常振火精神"横联,也照亮了人们幸福的笑脸。随着一声炮响,村寨里的男女老少都唱着彝族歌谣,踏上弯弯曲曲的田间小路,在寨子周围、田间地头来回巡游,意在驱赶害虫、祈求丰年,随后向德峨镇的火把晚会会场进发。村民们手持火把行走在山路上,附近山头上星星点点的火把没多久就汇聚在一起,远远望去,仿佛蜿蜒游动的火龙,在夜色的衬托下非常壮观。

到达火把晚会会场后,大家纷纷将手中的火把放到广场中心巨大的木柴堆上,木柴堆逐渐燃起数米高的火焰,熊熊火焰照亮了广场,映红了人们的笑脸。这时候彝族的月琴声响了起来,人们伴着琴声唱起动听的歌谣,各村各寨的彝族同胞和远道而来的各民族客人们手拉着手,围着熊熊燃烧的火堆,跳起了欢快的舞蹈,欢声笑语在山谷里久久回荡。

粽艾龙舟齐祛晦——端午节

端午节,又叫"端阳节""重午节""龙舟节""龙节""正阳节""天中节"等,节期为农历五月初五,是我国民间传统节日,于2006年被列入第一批国家级非物质文化遗产名录,2007年起被确定为国家法定节假日。端午节与春节、清明节、中秋节并称为中国四大传统节日。

关于端午节的来历,各地说法不尽一致,民间流传较广的说法有二:一是源自天象崇拜,由上古时代祭龙盛典演变而来。我国人民历来崇拜龙,古代各民族有许多祭龙盛典,其中以农历五月初五最为隆重,便相沿成俗。二是为了纪念伟大的爱国诗人屈原。屈原,战国时期楚国的诗人、政治家,他爱国忧民,但却遭到贵族排挤诽谤,被革职流放到沅、湘流域,后抱石自投汨罗江而死。屈原投江后,百姓纷纷划着船只到江中打捞他的尸体,并将饭团、粽子等食物丢进江里,以求喂饱鱼虾蟹,避免其去咬食屈原的尸体。另外,还有人将雄黄酒倒进江里,说是要药晕蛟龙水兽,以免它们伤害屈原。屈原投江的日子相传是农历五月初五,即端午节。后来,端午节就有了龙舟竞渡、吃粽子、喝雄黄酒的

风俗，人们以此来纪念爱国诗人屈原。

端午节正值初夏，天气渐热，节日当天，广西各地有赛龙舟、祭土地神、折艾挂青、饮菖蒲雄黄酒辟邪祛晦之俗。

赛龙舟是端午节的主要习俗，如今这已成为人们喜爱的一项体育运动，当天多数地方都要举行划龙舟竞赛，参赛者踊跃，观赛助威者成千上万，场面十分壮观。特别是村与村之间进行的龙舟竞赛，村中男女老少齐聚在岸边，为本村的龙舟队呐喊助威。助威呐喊的声浪与划船的鼓声、号子声响成一片，场面极为热烈。赢得冠军的龙舟队会被村里人当成英雄般崇敬，参赛的小伙子们会受到姑娘们的青睐。

端午节这天家家户户都要吃粽子，这一节俗在东汉已出现，直到晋代，粽子才成为端午的应节食品。粽子有咸味肉粽，有碱水凉粽。粽子的形状各异，有枕头形、锥形、牛角形、羊角形等。端午正值苦瓜上市，在桂东南客家人地区，人们有在端午吃苦瓜酿的习惯。

端午当天盛行挂青和饮雄黄酒，届时，各家都要在大门两旁悬挂菖蒲、艾叶，俗称"挂青"。菖蒲叶酷似宝剑，古代人认为把它挂在门口，可以消灾避祸。人们还用菖蒲、艾叶煮水洗澡或擦身。妇女用各色花布加菖蒲等做成人形或虎、豹、猴等动物形状的香包，佩戴于孩童胸前。大人们用雄黄酒擦额头、手足、脐胸，并饮适量雄黄酒，有"饮了雄黄酒，百病邪远走"之说。人们还在小孩的额头点雄黄酒，希望这样能让孩子不受蛇虫的伤害。此外，人们还用雄黄和捣烂的蒜头拌水，洒于屋内洗澡房、水缸下、墙角旮旯，以及屋外的窗户下、排水沟，借以避蛇虫和病菌。过去桂北汉族过端午节还由道士给各户送门头符（俗称"端阳符"），上面写着"唐王送我青锋剑，巡游天下斩妖精"。民间有端午节上山采药晒药的习俗。《岁时广记》卷二十二"采杀药"引《荆楚岁时记》文："五月五日，竞采杂药，可治百病。"采药是因端午前后草药茎叶成熟，药性好，才于此日形成此俗。人们常在这一天采集药用植物晒干，或浸泡备用，并洗草药水，用熏苍术祛病防疫，等等。这一天各地圩镇药材市场异常活跃，各种药材琳琅满目，有的卖主还当场演示药的用法，宣传药的功效，吸引大批顾客。端午节习俗甚多，形式多样，内容丰富，其祈福消灾的主题，寄托了人们迎祥纳福、辟邪除灾的愿望。

广西壮、瑶、侗、仫佬、毛南、京、水等少数民族也有过端午节的习俗。

壮族民间把农历五月初五端午节称为"药师节"，又称"药王生日"或"药王晒药日"。壮族认为这一天百草皆成药，并认为端午是草木一年中药性最强的一天，这天所采的草药疗效最好，称"五月五日午时药"。端午当天，民间药师及略识草药的群众纷纷上山入林采集草药，如龙胜各族自治县一带的壮族群众会采集乌桕、田基黄、葫芦茶、元宝草等草药煎汤洗澡，据说可以清热解毒，使人不生疥疮，皮肤光洁。除自用之外，人们还将采回的草药晒干加工，拿到圩场出售。靖西专门设有"端午药市"，全部摆卖各种草药，购买者既有当地群众，也有远道而来的客商。

端午节当天瑶族各家各户在大门上挂菖蒲、艾叶，在室内外

◯ 端午节龙舟赛

洒雄黄酒，以示驱邪防病，并下河洗澡。瑶族习惯吃黄茅粽，上午新婚女婿送粽粑、酒肉至岳父母家，谓之"料节"。部分地区瑶族有过大端午（农历五月十五）的习俗。

端午节当天侗族各家各户包粽粑，上山采集各种草药煮水洗澡，有的杀鸡鸭祭祖或饮雄黄酒以避蛇害。临近江河的地方还举行赛龙舟活动。

端午节这一天，仫佬族家家户户包粽子，在门上、窗前、床头挂菖蒲、艾叶，并采集百草煮水洗澡，以驱邪祛病，在屋里洒雄黄酒，并用雄黄酒擦手，用石灰水洒在屋外墙根。仫佬族还有在端午节煮田螺吃的习惯。

毛南族农历五月初五也过端午节。和其他民族不同，以前毛南族在端午节没有吃粽子的习惯，也没有纪念屈原的意思，而是把它当作一个药节，主要活动是做药用食品、在门口挂枫树枝、喝雄黄酒。这一天，他们采集草药如艾叶、菖蒲、黄姜、芝麻叶、鸡矢藤等，与糯米粉混合做成糯米糍粑，全家分吃。老人们说，这天采回来的中草药，效力特别强，有病治病，无病强身。有的人家把香气各异的中草药剁碎熬成药水给孩子们洗澡，据说这样做可以防治各种皮肤病。孩子们则成群结队到山边坡顶的枫树林里攀树摘枝，然后干劲十足地将之插在家门的两旁。成年人于端午节当天喝雄黄酒。雄黄酒的做法较为简单，只要取适量雄黄，去除杂质，研磨成粉，兑入白酒中即得。对于毛南族人而言，雄黄酒俨然成了端午节的佳酿。现在，受汉族等其他民族的影响，毛南族村民们开始在端午节包粽粑、吃田螺。

京族过端午节的内容形式随着生活水平的提高而有所改变。20世纪80年代，家家户户当天包粽粑，早上拜神祭祖，中午全家欢聚，吃糯米粽、饮雄黄酒，并将雄黄水涂在小孩的前额上，在屋前挂一艾叶结成的小虎，以示辟邪驱鬼。20世纪80年代后，除了饭桌上的菜肴比以前丰富外，京族各村之间搞起了赛龙船、捉活鸭、摸鸭蛋等娱乐活动，很少有人再在小孩额前擦雄黄水及在屋前挂一些意为辟邪驱鬼的东西了。

水族在端午节当天包凉粽祭祖，家家户户用雄黄调酒，喷洒在房屋四周，以驱防蛇虫，插菖蒲、艾叶于门边以驱邪气，采草药煮水洗身，以消毒清热驱邪。

长久长寿——重阳节

每年农历九月初九为重阳节。古人以"六"为阴,以"九"为阳。在阴阳五行学说中,"九"是阳的极数,两阳相重,因而称之为"重阳",亦称"重九",俗称"九月九"。因"九"与"久"同音,故象征"久久"之意。

重阳节初肇于远古时期,形成于春秋战国时期,流行于西汉时期,盛行于唐朝时期之后。关于重阳节的由来,说法不一,多见于神话传说中,并且大多与驱邪和祭祀有关。在远古时期,重阳节肇始于农作物丰收时的祭祀活动。那时,先民于重阳之日"大飨帝,尝牺牲,告备于天子"。自汉代起,在道教文化影响下,人们于农历九月初九"佩茱萸,食蓬饵,饮菊花酒",重阳逐渐成为人们追求长寿的节日,同时兼有大型饮宴活动。三国时期,人们开始将重阳视为一个节日,魏文帝曹丕在《九日与钟繇书》中就写道:"岁往月来,忽复九月九日。九为阳数,而日月并应,俗嘉其名,以为宜于长久,故以飨宴高会。"唐朝以后,重阳被正式指定为节日,从那时起,每逢农历九月初九,官方和民间都会举办各种庆祝活动。在古代,人们在重阳节有登高的习俗,因此重阳节又被称为"登高节"。关于重阳节登高习俗的起源有两种说法：一种说法认为它起源于古人对山神的崇拜，认为山神可以使人免于灾难，因此人们在"阳极必变"的日子里，要上山避灾，祭祀山神，祈求平安，后来才逐渐转变为娱乐活动；另一种说法则认为，重阳时节，田野中的秋收活动结束，此时农事相对悠闲，而且山林药材、野果正值成熟期，因而人们纷纷上山采集，故重阳节也被称为"小秋收"。重阳节还有插茱萸的习俗，古人有诗云："独在异乡为异客，每逢佳节倍思亲。遥知兄弟登高处，遍插茱萸少一人。"人们认为在重阳节插茱萸可以驱邪禳灾，有的将茱萸戴在手臂上，有的做成香囊将茱萸放在里面，有的将茱萸插于头顶。如今，重阳节逐渐演化为尊老敬老的节日。

广西各民族在重阳时有诸多风俗，如登高、驱邪、扫墓、敬老、拜寄、饮甜酒等。重阳登高的习俗主要盛行于城镇地区。在过去，文人学士于重阳日必斗酒赋诗，游目骋怀，登高览景。桂北苗、侗民族扶老携幼，登高赛歌，俗称"登黄崖"。如今，重阳时节登高秋游的习俗日益盛行，柳州鱼峰山、桂平西山、德保云山、武鸣伊岭岩等地都是人们重阳登高的胜地。重阳登高之俗源于古代秋游活动，东汉以后，亦有登高避灾的说法。重阳驱邪的风俗流行于乡村，是日，邕宁、荔浦、扶绥等地举行"秋傩"和"赛神"活动，贵港等地祭石牛神，凭祥、宁明等地祭山神，富川、上林、大新、忻城等地祭社王、土地、衙帝等庙神。规模较小者祭以鸡鸭鱼肉，大者则祭以牛羊猪。在邕宁、荔浦等地，逢重阳日诞会邀请道公祈福。在贺州、钟山、上林等地，重阳日

会举行"送火殃"仪式,亦称"送雷公"。因重阳时节天气干燥,易生火灾,故人们认为"送火殃"可免除火灾发生。

重阳节期间,广西各民族盛行敬老的习俗,其中以壮族的"添粮补寿"习俗最具特色。在环江、马山等地的壮族村落中,家中子孙会为年满60岁的老人立一口寿粮缸。这口缸一般放在老人床头,可装5公斤多的大米。立缸时,子孙们将优质大米倒入缸中,直到装满为止。平时不吃缸中的长寿米,只在老人身心不佳时才煮给老人吃,但是不能把米吃完。每逢重阳节,子孙们都要为老人添满寿粮缸。人们认为重阳节是"享寿九十九"的吉利日子,多添一些粮便可多增一些寿,这样一来,家中老人能长命百岁。重阳节那天,老人会把旧寿米与糯米混合在一起,制成糍粑、粽子,与后人共享,意为同福同寿。

● 重阳节这天,喜笑颜开的老人们

重阳亦盛行扫墓。人们将重阳扫墓称为"报冬",是一年中的第二个扫墓日,其法与清明扫墓略同,此俗主要流行于郁江和邕江流域地区,其中以玉林、容县、钦州、北流、邕宁等地最为常见。凭祥、龙州等地重阳扫墓只限于未满周年的新坟。在来宾地区,重阳日有开墓捡骨装坛的习俗。

重阳拜寄之俗主要流行于桂北地区。儿童常于此日拜认寄爹寄娘。寄人者,以生辰、名字和鸡鸭等礼物送于寄家拜认;寄石、树、水、桥者,以粽子、糍粑、弓箭、香烛等物拜寄。在民间,人们认为九九之日拜寄,则预兆福命久久。

在广西民间,重阳饮菊酒、插茱萸的习俗并不多见,但有重阳制作和饮用甜酒的习俗,俗称"重阳酒"。此俗主要流行于阳朔、融安、环江、龙胜、融水等地。阳朔有"九月九,家家酿甜

● 壮族妇女用糯米酿酒,酿出来的就是人们俗称的甜酒

酒"的民谚。融水苗族酿的甜酒堪称佳酿。每至重阳，融水苗族群众会选用当地特产的优质糯米，经浸泡蒸熟后拌以酒曲，装坛密封，五六个月后开坛饮用。亦有将酒坛埋于地下二三年者，出坛时，酒糟全部融化，酒色橙黄，香气醇厚，甜似蜜饯。若饮客贪杯，必醉无疑，故民间冠以此酒"见风倒"或"席上倒"的名称，乃重阳节待客佳品。

广西各民族的重阳节俗差异较大。在巴马，汉族除在节日里包粽子、杀鸡加菜外，诸城镇的民众还登高郊游。壮族的重阳节，东兰县的长江镇、金谷乡一带称为"吃虫节"，此日人们捕捉蝗虫，拿回来后以开水烫之，再加香料炒熟，制成节日的美味佳肴。毛南族在重阳节赛南瓜。重阳节当天，人们把已收回的南瓜都摆放在楼房里，村里的男青年走门串户评比南瓜，看谁家的南瓜又大又甜、又香又绵，共议谁家的南瓜可当南瓜王，并推选一个身强力壮的人举刀砍瓜。南瓜砍开后，主人挖出瓜子，晾干了作第二年的瓜种。瓜瓤切片，加小米，用文火煨烂，食用前，主家先盛一碗置于供桌上，敬祀南瓜王，后与男青年一起吃小米炖南瓜过节。南丹县六寨镇水族在农历九月初九过端节。此日，人们普遍吃素，如豆腐、豆芽、南瓜、糯米饭等，甚至供祖灵也只用素菜。早上，村寨男子在长辈带领下，挨家挨户去喝酒、拜年，而且每一户人家皆要走到。

后　记

◆

　　广西民族众多，广西民族节日也众多，甚至一个民族拥有自己的多个传统节日，而且十里不同风，百里不同俗，因此要在这本薄薄的书里将所有的节日都列出来，是一件难以全面兼顾的事情。

　　因此，我们对所有的节日进行了筛选：一是挑选一些大众化的节日——具备规模的，而且影响力较大的，这样，可以给读者一个更为直观的感受；二是选择一些固定的、现存的节日——贴近生活的，与时代衔接的；三是选择一些广西特有的节日——尽量覆盖广西的各个民族，凸显出其中的民族性、文化性、区域性。

　　文化叙事，特别是与民族相关的，应尽可能做到客观真实、脉络清晰。为了能把广西民族节日文化以通俗、有趣的方式呈现给读者，我们尝试以文化随笔的形式讲述节日故事、趣闻，探索其蕴含的文化深意。

　　我们努力用一种平和的目光去审视每一个节日，用平实的语言原汁原味地还原每一个场景、每一个片段，将自己的情感融入字里行间。这样的尝试，需要丰富的知识储备和过硬的文字功底，

于我们而言确实是一次难度不小的考验。

所幸的是，撰稿过程中遇到的各种困难我们都一一克服了。今天，呈现在读者面前的这本书，是我们大家分工并通力合作的结果：黄润柏负责拟定全书的框架、内容以及撰写蚂𧊅节、芒那节、霜降节、侬峒节、"三月三"、灯酒节的内容，黄仲盈负责全书的统稿，撰写前言、后记以及各个章节的文前概述，罗柳宁撰写吃新节、盘王节、中秋节、达努节、晒衣节、重阳节的内容，李妍撰写清明节、中元节、元宵节、春节、端午节的内容，陶斐玲撰写依饭节、分龙节、哈节、花炮节的内容，农世杰撰写拜树节、跳弓节、跳坡节、苗年、卯节、芦笙斗马节、火把节的内容，廖梦溪撰写炮龙节的内容。

由于水平有限，本书难免存在纰漏，希望得到读者们的批评与指正。

为本书提供图片的摄影者包括（按图片出现的先后顺序）：黄润柏、雷时稳、杨丽萍、罗仁惊瑜、陈家柳、刘植君、杨秀珍、李桐、陈锋、罗军、黄家望、蒙玉祝、邱纪宪、何发清、何学俏、唐典胜、李品祥、卢伊琳、刘绵宁、蓝庆侃、郁良权、刘润生。感谢这些摄影者，有了他们的大力支持，才使这本书真正做到了图文并茂。

黄仲盈

2021 年 6 月